O CAMINHO DE CÍCERA

Wellington Balbo
Carlos Eduardo Luz

O CAMINHO DE CÍCERA

CEAC
EDITORA

Ficha Catalográfica

B173c Balbo, Wellington.

Caminho de Cícera / Wellington Balbo e Carlos Eduardo Luz. -- Bauru, SP: CEAC, 2011.

224p.; 14x 21 cm

ISBN 978-85-86359-85-9

1. Romance espírita 2. Espiritismo 3. Conhecimento espírita I. Luz, Carlos Eduardo II.Titulo.

133

Projeto gráfico, capa e diagramação

Renato Leandro de Oliveira

Revisão de Língua Portuguesa

Aline Cristina Moraes

1ª Edição - setembro de 2011

5.000 exemplares

Edição e Distribuição

CEAC EDITORA

Rua 7 de Setembro, 8-56

Fone/Fax (14) 3227-0618

CEP 17015-031 - Bauru - SP

editoraceac@ceac.org.br

www.ceac.org.br

Prefácio

Escrever um romance em parceria não é muito comum. No entanto, essa proposta, cuja iniciativa partiu do Wellington, pareceu-me bastante interessante, já assim de primeira vista. Planejamos, em linhas gerais, o enredo e dividimos as tarefas. Caberia ao Wellington desenvolver os personagens da trama, sob o ponto de vista humano, e a trajetória de vida de cada um deles. Competiria a mim desenvolver em um espaço cênico paralelo os personagens do plano espiritual, amigos e inimigos que influenciariam os personagens físicos pela via da intuição.

No entanto, o caminho se fez caminhando e o planejamento foi alterado. Assim, Wellington acabou por definir o destino dos personagens nos encontros, desencontros e fatalidades. Coube, então, a mim estabelecer as reações e as decisões dos mesmos frente a essas fatalidades. Dessa forma, bem como na vida, o trabalho de escrita se completou mediante o equilíbrio das forças que movimentam os personagens para os seus destinos programados e a submissão deles, ou não, mediante o livre-arbítrio.

Dessa maneira, Wellington escreveu um roteiro definindo os acontecimentos nas trajetórias de vida dos personagens, e eu, mantendo os fatos definidos por ele, ajustei as reações, reflexões e decisões desses personagens frente aos fatos. Assim sendo, o trabalho foi harmônico em todas as suas etapas; ele aceitou todas as minhas interferências que remodelavam o seu texto, e eu respeitei a sua posição de senhor do destino dos personagens sem mudar nenhum evento colocado no fio condutor de sua narrativa.

Podemos observar que, trazido por tecelões de várias culturas, existe, desde épocas remotas, essa maneira de trabalhar em tecelagem feita em tear. Lá, bem como já nos referimos anteriormente, na vida, nos é programada a urdidura, ou seja, as linhas verticais do tear. Essas linhas representam a linha do tempo, enquanto que a linha horizontal, no momento em que é colocada, define o momento presente. As várias linhas de diferentes cores formam os desenhos do tecido, assim como a história de nossa vida. A professora de tear Glória Vasconcellos Horta, ensina-nos:

"(...) o quadrado representado pelas quatro travessas do tear, as duas horizontais (inferior e superior) e as duas laterais (esquerda e direita) formam um quadrado: a limitação. O limite da vida humana, portanto.

O conjunto dos fios verticais (urdidura), e seus atributos (cor, comprimento, espessura, equidistância), uma vez determinados, não se pode mais mudar. Urdir é preparar o destino." "(...) Acontecimentos, contextos, decisões, atos e fatos, palavras, perdas, situações as quais não poderemos jamais retornar para modificar.

Impossível remontar a urdidura, sem morrer e renascer."

Assim, esse nosso trabalho é verdadeiramente uma tarefa conjunta, em que a área ocupada pelas linhas horizontais da trama e pelos fios transversais da urdidura constitui um resultado simétrico em esforço e boa vontade.

Como espíritas, para nós a reencarnação é um fato. Assim sendo, e como sabemos, muitos de nós planejamos, ainda no mundo espiritual e antes de renascer em novo corpo físico, a nossa trajetória existencial.

Desse modo, *O CAMINHO DE CÍCERA* nos leva, pelas mãos de seus personagens, a conhecer e refletir sobre os acontecimentos e decisões deles, bem como as influências de entidades espirituais em suas vidas. Vivendo dilemas frente a separações, amores e ambições, os personagens, sem perder a fidelidade aos ensinamentos de Kardec e do Evangelho, demonstram-nos, em suas vivências, simulações de situações vivenciadas por nós em nosso mundo real.

Ler, pois, este livro é sentir a satisfação em apreciar uma história de vida e, ao mesmo tempo, abastecer-se de valioso conhecimento espírita.

Capítulo 1

Interesse por São Paulo

Cícera costumava sentar-se, no fim da tarde, defronte à janela para observar o sol que fugia do calor e da poeira do sertão, e que parecia querer mergulhar no rio que corta sua querida Mossoró. O município encravado no Rio Grande do Norte, portal do sertão para quem vinha do mar, possuía esse belíssimo espetáculo da natureza. O sol, invejando o rio que banhava a cidade, despejava a sua luz nas águas que as jogava de volta reforçada de vermelho. Toda essa natureza exuberante parece não ser capaz de prender a alma da jovem Cícera por aquelas paragens. E o pensamento da moça da terra nordestina parecia não acreditar na força da economia local, sustentada no petróleo, na riqueza do sal; e menos ainda na força da agroindústria da região. Ela, sempre que podia, entrava na casa mental da imaginação e, teimosamente, visitava São Paulo em pensamento; a tão comentada cidade sonho, aquela que atraiu tantos do sertão do Nordeste brasileiro, a fonte de esperança na capital da economia do país.

Ah, como ela gostaria de ir embora para a cidade

grande, conhecer gente nova e diferente, estudar e trabalhar. Imaginava sua futura vida com tintas e cores que a realidade jamais teria. Usava toda a força de sua criatividade para construir na mente as maravilhas, ainda virtuais, de uma vida em terras paulistanas.

Se ali ficasse, naquele portal do sertão, certamente o destino não lhe reservaria novidades. Casar-se-ia com alguém da cidade e cuidaria dos filhos que viriam e que cresceriam como ela, brincando às margens do Rio Mossoró. Mas Cícera sentia que, embora reconhecendo o valor daquela terra em que nasceu e cresceu, e ainda que gostasse da cidade, algo dentro de si dizia que não ficaria mais ali naquela cidade potiguar.

Uma de suas primas morava na grande metrópole e, frequentemente, enviava notícias, contando a grandiosidade e imponência da capital paulista. Os olhos de Cícera se iluminavam ao saber dos lances referidos pela prima lá naquela cidade; então, seu pensamento mergulhava de vez no mundo dos sonhos. Muitos planos e aspirações de progresso. A propósito, para Cícera, progresso se constituía em uma palavra com mágico significado. Ao pronunciá-la sentia o coração descompassar de emoção imaginando as possibilidades de fazer cursos que lhe propiciariam uma profissão rentável, que lhe possibilitaria comprar, com o que ganhasse, os bens que imaginava um dia possuir.

E tudo isso mexia com sua alma irrequieta e carente de novos ares e de novos conhecimentos. Com 20 anos sentia próximo o dia em que se mudaria de Mossoró para São Paulo. Incluía, como todo sonho de retirante nordestino, o desejo de poder oferecer uma vida melhor à sua mãe, afinal, ela batalhara com muito esforço para dar à filha oportunidade de frequentar boas escolas. Cícera até iniciara um curso de Administração de Empresas, mas teve que trancar a matrícula por dificuldades financeiras.

Moravam apenas mãe e filha em uma pequena casa de três cômodos, de móveis rústicos. Uma televisão servia de distração para ambas, isso quando o temperamental aparelho resolvia colaborar e funcionar. A geladeira fora comprada há muitos anos, quando o pai, Seu Nonato, ainda vivia neste nosso mundo de matéria densa. Fora ele que, com algumas economias, conseguira comprar um refrigerador usado e oferecer o "luxo" à Dona Anastácia e à filha que era ainda criança. Moravam de fato em uma casa simples onde a tecnologia mais atual ainda não se fazia presente.

Cícera, bem como suas amigas, possuía beleza incomum, e mostrava na pele o bronzeado natural trazido pelo sol do Nordeste brasileiro. O bronze escuro avermelhado da epiderme mostrava ainda harmonia com os olhos castanhos exibidos na cor do mel. Adorava escrever poesias falando de praias coqueiros e vento, e demonstrava, em versos, o amor pela região de sua cidade natal. Todavia, cada vez mais sentia que chegava a hora de ir, literalmente, mais longe em seu sonho de chegar à capital paulista, arrumar emprego, estudar e voltar para buscar a mãe. Entretanto, na realidade, seu Espírito sentia que algo mais profundo a aguardava na maior cidade do Brasil; algo que transcendia o seu conhecimento.

O sonho de Cícera era o mesmo sonho recorrente de seus milhares de conterrâneos nordestinos que, fugindo principalmente da seca, desembarcaram em São Paulo com a mala vazia de pertences e o coração cheio de esperança. Muitos lograram êxito e construíram suas vidas na grande metrópole, todavia, muitos também viram a realidade chegar vestida de pobreza extrema e o verde da esperança desbotar nas lágrimas.

Cícera se lembrava das palavras do avô, que dizia que foi no segundo governo de Getúlio Vargas que a migração nordestina se acentuou. Ele dizia também que São Paulo tinha muita água, alimento, tudo para quem se propunha a trabalhar de verdade. "Lá é terra de muita esperança, fé, amor e cheio de gente trabalhando e espalhando progresso" – dizia ele.

Dona Anastácia, mãe de Cícera, era uma senhora de 50 anos, cabelos lisos, também de pele bronzeada, olhos negros, um pouco tristes, mas de olhar que percebe além do que a vista mostra. No rosto gracioso, trazia ainda rugas precoces que são as marcas das lutas que teve para o sustento próprio e da filha. Sentia ainda saudades do marido que faleceu há 15 anos. Dona Anastácia andava agora apreensiva, aperreada como dizem por lá, desde que percebeu os anseios da filha em mudar-se para São Paulo. Ela sentia medo porque, além da ausência da filha, o que lhe traria certamente tristeza, sempre assistia na TV as notícias da violência, além das imagens borradas do "esforçado receptor" que mostravam as intensas chuvas causando alagamentos.

Pensava ela que, embora vivessem existência difícil, podiam muito bem continuar assim, em vida simples, porém segura. Habilidosa na arte da costura, não se importava em trabalhar ainda mais se pudesse tirar da cabeça da filha a ideia de ir embora.

No entanto, como cantam lá no sertão: "Depois que cresce o filho vira passarinho e quer voar". Alguns pais, à semelhança de Dona Anastácia, podem não entender; todavia, os filhos querem voar, ter sua própria vida e escolher seus caminhos, afinal, são criaturas dotadas de vontade própria que precisa ser exercitada, fazendo escolhas e colhendo consequências. Nossos filhos trazem, no íntimo, ideais, sonhos e temores que, muitas vezes, nós, como pais, desconhecemos.

E no caso de Cícera, quando manifesta essa sua vontade de buscar o seu ideal de existência, demonstra, para o consolo da mãe, qualidades de superação do egoísmo ao incluir também Dona Anastácia em seu plano de vida. Intenta, em seu modo jovem de ver o futuro, buscar novas e melhores condições de vida para ambas.

Naquela tarde, ao ver a filha novamente com o olhar perdido, Dona Anastácia questionou com seu inconfundível sotaque nordestino:

– Novamente com o pensamento em São Paulo, minha filha?

– Sim, mãe!

– Quando você desistirá dessa ideia? Nosso lugar é aqui! Foi em Mossoró que você nasceu e cresceu. Suas raízes estão aqui e não vejo razão para mudar-se!

– Mamãe, penso também em oferecer melhores condições à senhora. Não vou esquecer nunca minhas raízes, mas quero ir além, quero estudar, aprender, trabalhar; enfim, sinto que meu destino está em São Paulo. Prometo que, assim que tiver condições, virei buscá-la!

– Ah, minha filha, aqui é possível fazer tudo isso. Você pode ainda continuar seus estudos aqui mesmo e também auxiliar-me nas costuras. Assim vamos vivendo...

– Sim, aqui é possível, mas lá, conforme tenho pensado, terei mais condições de arrumar um trabalho melhor. Ora, por que não posso tentar? Além do mais, a senhora sabe que não levo o mínimo jeito para costurar.

– Cícera, nosso lugar é aqui, minha filha.

Referindo-se à prima, Cícera falou:

– A Nazaré está muito bem em São Paulo. Ela saiu daqui e pôde estudar com mais facilidade. Ela se qualificou profissionalmente, trabalha feliz e ainda ajuda a família!

Veja a tia Marina, com o dinheiro que a Nazaré envia ela está fazendo o tratamento do problema cardíaco. Ela vive bem e desfruta de mais de conforto que antes. Pois bem, quero ir embora e dar à senhora esse conforto também!

– Ah, minha querida filha, não acho que me falta nada que me importe. Estou bem assim...

Cícera inclinou o rosto, olhou carinhosamente para a mãe e disse com muita ternura, mas mostrando também determinação:

– Ah, minha querida mãe... Penso que chegou a minha hora de deixar o ninho. Peço que não fique triste, mas na primeira oportunidade que tiver vou tentar fazer a minha vida lá em São Paulo. Nazaré irá ajudar-me, e tenho certeza que vou conseguir.

Um tanto desolada pela decisão da filha, pois sabia de sua determinação quando queria alguma coisa e conhecia também a sua alma sonhadora, a mãe apenas balbuciou:

– Ah, meu Deus! Padre Cícero a proteja!

Capítulo 2

Conversa com Marina

Anastácia andava acabrunhada, triste e decepcionada. Pensava nas dificuldades que passara na vida e refletia: "Nada seria pior, nessa altura dos acontecimentos, mesmo com a promessa de reencontro, do que perder a filha Cícera para a cidade grande".

Continuava ela a mergulhar mais fundo em sua inconformidade ante a escolha da filha: "Como conformar-se com mais essa possível perda de convivência com alguém muito querido? Afinal, parece que tenho a sina de sempre ficar isolada de quem amo".

Persistia ela em seus pensamentos: "Até então, todas as pessoas que me eram caras foram, de alguma forma, retiradas bruscamente de minha vida. Foi assim com o meu pai, com minha mãe e até mesmo com primos e tios. Por fim, senti a perda maior, meu marido, de quem sinto muita falta. Agora vem o golpe de misericórdia: a minha filha Cícera, que não tira da cabeça a ideia de mudar-se para São Paulo. Mais uma baixa... Outra vez alguém querido me deixa, mas agora fico em solidão completa".

Olhando para o céu, já com os olhos molhados, e esfregando ansiosamente as mãos, Anastácia sentia que o pessimismo tomava frente na situação e invadia o seu pensamento. Olhava um futuro que trazia impiedosamente a ideia de que também perderia Cícera, se não vitimada pela violência da cidade grande, fatalmente pela perda da convivência imposta pela distância geográfica. Com o coração amargurado perguntava-se: "Até quando terei de suportar a separação de meus afetos mais caros?"

Ali, bem ao lado de Anastácia, sem que nenhum de seus conhecidos cinco sentidos registrasse nada além de sua solidão, estava Pedro, o seu protetor espiritual. Ele, percebendo a aflição de sua protegida, impunha sobre a fronte dela as mãos de seu corpo espiritual enquanto irradiava sugestões mentais que pareciam a ela serem pensamentos próprios.

Anastácia desconhecia que o amor pode quebrar barreiras de distância e de tempo e que ele não se rende nem mesmo à morte do corpo físico. Começou, então, a refletir sobre essa ideia, intuída que era por seu Espírito Guia Pedro. Pensava de si para consigo mesma: "Corações ligados por sentimentos sinceros de afeto jamais se separam. Logo, seus pais, marido e demais familiares estavam mais próximos a ela do que podia supor."

Esse pensamento irradiou ondas etéreas que permeavam todo seu corpo físico, e Anastácia, saindo de seu negativismo, sentiu-se bem e pensou, dessa vez por si mesma, que Deus é amor, tem seus desígnios e não desampara ninguém. Continuando a refletir, Anastácia lembrou que um dia, ainda menina, a professora disse uma frase de Fernando Pessoa: "A Morte é uma curva na estrada. Morrer é só não ser visto". Assim, pensou ela: "Eles, lá do outro lado da curva da estrada, observam nossas dúvidas, receios, medos e necessidades. Nossos amores, que lá existem na invisibilidade, auxiliam-nos sempre e nos sustentam em nossas provações e dificuldades, inspiram-nos em momentos decisivos e caminham ao nosso lado em passagem por caminhos ásperos de nossa existência física."

Enquanto refletia, ao lado de Pedro, seu Espirito protetor, chegou Manoel, que fora seu pai na atual encarnação, e que também falou a ela pelo canal da intuição, tendo Anastácia percebido como sendo alguém soprando ao seu ouvido:

– Filha querida, nas horas difíceis, em que as provações se fizerem fortes demais, procure sua irmã, Marina, pois ela, além de amá-la imensamente, possui um recurso poderoso para diminuir a sua dor e fortificar a sua alma: o conhecimento espírita.

Anastácia captou a sugestão sem dar-se conta de que se tratava de uma orientação paterna e, pensando que a ideia de buscar ajuda era sua, partiu em direção à casa da irmã.

Não obstante as dificuldades do corpo físico um

tanto surrado pelas costumeiras lutas da existência, Marina trazia nos olhos a serenidade daqueles que guardam a paz de consciência e a certeza de que tudo o que nos acontece na vida, se bem aproveitado, nos faz progredir.

Embora fosse dois anos mais nova que Anastácia, tornara-se, desde a adolescência, a conselheira da irmã, porquanto seu Espírito possuía a milenar sabedoria proporcionada pelas inúmeras e bem aproveitadas viagens realizadas à matéria densa pela abençoada via da reencarnação. Marina era experiente, sensível e lia muito, pois aprendera a valorizar a informação e o conhecimento, não obstante os trabalhos manuais que lhe tomavam boa parte do tempo. Tornara-se leitora voraz de jornais, livros e revistas e quando precisa, usa também a *internet;* esse hábito salutar de informar-se propiciou a ela grande patrimônio cultural. Por isso mesmo Marina sabia como ninguém aconselhar e iluminar caminhos. E fazendo parte desse extenso repositório cultural estava o conhecimento espírita, esse apoio seguro que, como a estrela polar para os navegadores do Norte, ensina-nos a cruzar os mares revoltos das vicissitudes da existência, fundamentado que é no Evangelho de Jesus.

Tal e qual a irmã, Marina ficou viúva cedo e também teve que desdobrar-se nos cuidados para o sustento da filha Nazaré, que residia na capital paulista. Marina não sentia grandes preocupações com a filha porque transmitira a ela, e sentia que ela havia aprendido, as lições necessárias, baseadas na codificação espírita e no Evangelho. Marina ficava também tranquila porque Nazaré sempre demonstrou, desde pequena, ser uma pessoa de qualidades morais inatas, por ser também, como a mãe, um Espírito evoluído. Assim, Marina tem a certeza que a filha poderá viver, sustentar-se e progredir material e espiritualmente em qualquer cidade que escolhesse para residir; poderia ser Mossoró, São Paulo ou até mesmo uma cidade no exterior.

Com essa herança intangível, que é a formação e o conhecimento legados por Marina, sua filha teve plenas condições de viver em São Paulo, considerando ainda que com a prática do bem, do amor, da caridade e com o exercício do perdão, Nazaré estava qualificada para receber o apoio dos protetores espirituais, que garantem mais ainda a sua serenidade interior e maiores acertos no que faz.

Anastácia, caminhando em direção à casa de Marina, embora pacificada em seus temores pela ajuda espiritual que tivera, foi deixando lentamente a sua casa mental voltar a ser ocupada pela negatividade e, sem que percebesse, estava novamente com o coração aos solavancos e as lágrimas brotando. Foi dessa maneira que Anastácia bateu nervosa, ansiosa e repetidamente na porta da residência de sua irmã e, quase gritando, perguntou:

– Marina, você está ai?

Com o carinho de sempre e percebendo a ansiedade da irmã, ela respondeu:

– Sim, Anastácia, pode entrar. Entre para tomar um chá que vou preparar enquanto conversamos e que fará bem a você.

Só pelo fato de chegar à casa de Marina, Anastácia sentiu-se melhor. Para ela, em momentos como aquele, a presença da irmã era como cruzar uma ponte que a levava ao passado. Encontrar Marina fez reviver em Anastácia lembranças do tempo em que viviam na casa dos pais. Não raro ela visitava a irmã para um bom papo e, muitas vezes, para relembrarem as brincadeiras alegres do tempo de criança que hoje viam tão longe na distância do tempo.

A casa de Marina era menor que a de Anastácia, mas era um pouco mais confortável, pois Nazaré "importara" de Natal, a capital potiguar, alguns eletrodomésticos e decorações. A casa tinha, assim, um aspecto mais atual do que a de Anastácia. Lá de dentro, pela janela, Marina pediu a irmã para entrar, que a porta só estava encostada. Anastácia empurrou a porta e entrou. Foi em direção à irmã, que a abraçou, e sentiu o seu amor e amparo. Depois do abraço e do sorriso trocado, cada uma olhou para a outra e sentiram, ao mesmo tempo, aquela emoção que a memória havia guardado bem lá no fundo. Assim, ao mesmo tempo o olhar de ambas confirmou, contraditoriamente, em gotas de lágrimas o momento feliz.

Marina, quando abraçou a irmã, confirmou também sua impressão inicial, sentindo que ela estava bastante tensa. Exatamente como a sua mãe fazia, sorriu para ela e acariciou a sua fronte. Anastácia sentiu em si o gesto da mãe feito pela irmã e, olhando-se outra vez nos olhos, choraram com muitas lágrimas, mergulhadas mais fundo na mesma lembrança. Após algum tempo desse novo abraço, Marina foi até a cozinha e, tirando o bule do fogo, despejou na xícara o chá e ofereceu a ela a infusão de erva cidreira.

– O que aconteceu que deixou você assim tão tensa? – perguntou Marina.

– Ah, Marina, Cícera está novamente com aquela ideia de mudar-se daqui para São Paulo. Ela tem Nazaré como modelo. Quer seguir os passos de sua filha e mudar-se também para lá.

Com a autoridade moral de ser um Espírito de muitas vivências existenciais, com ternura na voz, mas sem perder a energia necessária para reequilibrar a irmã, Marina respondeu:

– Ora, então deixe a menina seguir os passos de Nazaré!

– Não posso, Marina. Cícera é ainda uma criança.

– Uma "criança" de 20 anos... Anastácia, todos temos o direito de fazer as nossas escolhas. Cada um de nós é uma individualidade e, por isso, pensamos de forma diversa. O que você pensa ser a melhor escolha para você pode não ser para sua filha. Peço ainda a você que me desculpe por discordar, mas não considero Cícera uma criança como está dizendo.

Anastácia, com voz desolada pela perspectiva aterrorizante que alimentava em sua casa mental de que a filha viesse a consumar seu objetivo de deixar Mossoró, disse:

– Sabe, na realidade, a pouco tive pensamentos que me levaram quase ao desespero pelo medo que senti de perder a minha filha como perdi meus pais e meu marido.

– Acho que você está esquecendo de algo, minha irmã – argumentou Marina. Seus pais são meus pais também; e o meu marido, à semelhança do seu, partiu cedo para o outro plano da vida. Sem contar que minha filha se mudou para São Paulo com 18 anos, ou seja, há três anos ela está por lá. Como pode perceber, e só para ajudá-la a pensar melhor, se formos colocar as coisas em um mesmo patamar, eu perdi muito mais do que você, minha irmã.

Com os dedos batendo nervosamente na mesa, demonstrando impaciência, Anastácia passou a refletir. Ela, de fato, não pensara nisso, mas o que a irmã dizia era a mais pura verdade. Ambas tinham uma história de vida muito semelhante: perderam os pais; ficaram viúvas muito novas e tiveram que desdobrar-se nos trabalhos para garantir a educação e a alimentação das filhas. Embora as dificuldades financeiras as visitassem com frequência, jamais se viram privadas do mínimo necessário para o sustento da casa. No entanto, Marina vivia sozinha já há alguns anos e tinha a saúde frágil, ou seja, teoricamente, Marina trazia motivos maiores para queixumes, mas sempre guardava consigo palavras de ânimo e alento e nunca reclamava das vicissitudes da vida.

A conversa com a irmã não demorou muito, mas foi de profundidade suficiente para conduzir Anastácia a uma importante reflexão. Após alguns minutos de silêncio, disse:

– Marina, tudo o que você disse me fez pensar. Mesmo sabendo do bom senso de suas argumentações, na minha ponderação a razão anda em lado oposto ao meu sentimento. A razão diz que devo concordar com os seus motivos, entendendo que minha filha Cícera é adulta e está tomando uma decisão que devo respeitar, aceitando que se mude para a capital paulista. Porém, o coração, que é o administrador do sentimento, deixa aparecer em meu íntimo um medo desvairado que traz, de modo ainda permanente em meu pensamento, uma imensa sensação de perda.

– Minha irmã, isso por si só já é um grande passo. Percebo que você já é madura o bastante para compreender que a reflexão deve sempre anteceder as escolhas que fazemos quando encontramos encruzilhadas em nossos caminhos existenciais. Ao refletir sobre a possível ida de sua filha para São Paulo, você poderá perceber que suas preocupações, pelo sofrimento que mostra refletido em seu modo de olhar, resvalam para além das fronteiras que a razão delimita. Confie, Anastácia, confie... Pense que você, como mãe dedicada que sempre foi, tem créditos valiosos na contabilidade espiritual. Entregue-se à oração e peça auxílio colocando todo o sentimento neste seu olhar ao "Mais Alto", que com certeza encontrará o lenitivo para sua tristeza e verá que não há razão para temer tanto a partida de Cícera. Tenho certeza, minha irmã, que em breve você controlará esse sentimento e perceberá que a Providência Divina ampara verdadeiramente a todos e em todas as situações. Pense também que nunca nos afastamos de quem está verdadeiramente ligado a nós pelos liames do coração. Mesmo além do alcance do olhar do órgão físico da visão, a fé fundamentada na razão nos sustentará na certeza de que estaremos sempre próximos em sentimentos dos seres que amamos, encarnados ou não.

– Gostaria de ter, como você, essa certeza Marina. Ouvindo você falar parece muito simples, muito tranquilo – afirmou Anastácia. Arrumar racionalmente as coisas que são de nossa casa íntima parece fácil, mas quando o impositivo da distância trouxer para nós a saudade doída da ausência física de quem amamos, como é que fica?

– Tudo requer esforço e treino – respondeu Marina. – O conhecimento espírita é que me proporcionou essa certeza, Anastácia. O Espiritismo é o abençoado farol que ilumina a minha vida e que me faz sempre ter otimismo e esperança. Ora, eu também enfrentei e enfrento dilemas como os seus, como quando Nazaré se mudou. Porém, procuro ter sempre alento na certeza de que é no exercício de enfrentar os problemas que a vida traz que ficaremos cada vez mais fortes para continuarmos nossa jornada evolutiva. A propósito, há anos eu lhe convido para ir ao Centro Espírita comigo, quem sabe está na hora, hein?

– Obrigada, Marina, quem sabe algum dia, quem sabe...

Respeitando a vontade da irmã, Marina apenas assegurou:

– Fique à vontade quando quiser ir ao centro ou mesmo ler algum livro espírita, é só ligar em casa...

– Pode deixar que eu avisarei, até mesmo porque eu tenho que reconhecer: melhorei muito depois dessa nossa conversa. Estou com outro ânimo. Quero agradecer por suas palavras que me trouxeram enorme bem-estar.

– Não precisa agradecer, minha irmã. Você sabe que pode sempre contar comigo. Nós somos ainda hoje a família em que crescemos juntas. Embora fisicamente só restemos nós duas, nossos pais, que foram tão bons quando em vida terrena, estão conosco como já comentamos: ligados a nós por laços permanentes que podemos sentir e reviver.

Ao pronunciar essas palavras, Marina abraçou Anastácia, transmitindo a ela a certeza que naquele abraço estavam também envoltos os braços carinhosos da mãe e do pai, além do marido de Anastácia; todos se fizeram presentes e passaram a elas fluidos sutis de amor, que lhes davam bem-estar e revigoravam as forças.

Anastácia, com o coração desanuviado pelo encorajamento de Marina e pela energia que recebeu dos pais e do marido, que também são seus benfeitores espirituais ao lado de seus guias protetores, agradeceu a irmã e rumou ao lar. Estava pronta para conversar com a filha e, mesmo com um certo sentimento de tristeza, colocou-se à disposição para auxiliá-la, respeitando com boa vontade a escolha da filha de ir morar fora. Em sua mente ecoavam as palavras de Marina a afirmar:

– Cada um de nós é uma individualidade e por isso pensamos de forma diversa. O que você pensa ser a melhor escolha para você pode não ser para sua filha.

Capítulo 3

Planejando a reencarnação

Emocionada, Cícera lia e relia a carta da prima, que com arte escrevera. Leu mais uma vez com ansiedade e já se via em São Paulo. A garota fazia do simples pedaço de papel uma tela onde as descrições apareciam como imagens em cores. Pelos detalhes da palavra escrita pela prima, o texto dava movimento às figuras, fazendo o traço criar no reino da imaginação aventuras virtuais na cidade chamada, antigamente, de "Terra da Garoa".

A carta dizia:

"Prima, São Paulo é uma cidade de sonhos, de pessoas fantásticas, de vida intensa durante o dia e a noite plena de diversões e arte, de muitas luzes e cores. Aqui encontramos pessoas dos mais diversos locais do Brasil e do mundo, cursos de todos os naipes do saber humano, lojas, livrarias e todo recurso possível em saúde. Estou feliz! Com a graça de Deus tenho trabalho que me permite viver com dignidade, estudar e, principalmente, proporcionar à minha mãe uma melhor condição de vida sob o aspecto financeiro. Nem preciso falar que a saudade é grande, entretanto, guardo com carinho, no coração e no pensamento, as lições que aprendi com minha mãe de que quando as pessoas se amam ficam sempre ligadas por esse sentimento. Por isso, independentemente da distância física que nos separa, estaremos sempre ligadas por laços de afetividade. Breve visitarei Mossoró e vou rever vocês e todos os amigos daí. Enfim, matar a saudade de nossa querida terra natal. Sabe, prima, sobre a sua ideia de vir aqui para São Paulo, gostaria de ajudá-la no que for possível. Você sabe que pode contar comigo. Caso venha mesmo para cá, ajudarei você a procurar trabalho e, ficando juntas, somaremos as forças para vencer as adversidades que eventualmente acontecerão. Tenho certeza que, caso decida mesmo mudar-se, sua mãe com certeza compreenderá a sua decisão como a minha mãe compreendeu a minha escolha de vir para cá. Um grande beijo, e que Deus ilumine o seu caminho.

Sua prima, Nazaré"

Empolgada pela narração entusiasmada da prima, Cícera se deitou na cama e, pela janela do seu quarto, pôde observar a linda noite potiguar e o incrível brilho das estrelas na transparência cristalina daquele céu nordestino. Pensou: "As mesmas estrelas que vejo cintilando por aqui também são vistas brilhando pelas pessoas que caminham agora nas ruas de São Paulo". Nesse momento, uma estrela cadente riscou o céu e, para seu ingênuo coração, aquilo era um sinal de que São Paulo era seu destino e que sua partida estava próxima. Com emoção e ainda com um misto de ansiedade e incerteza, sentiu a narrativa de Nazaré como um chamado, porém, algumas indagações teimavam em não sair de sua mente: "Será que conseguiria emprego facilmente? Venceria a saudade? Conseguiria resolver os problemas sem a ajuda da mãe, que sempre fora o seu amparo? E ela, a mãe, como ficaria em sua ausência? E o lado afetivo, como seria lá na capital paulista? Poderia confiar nas pessoas e, especialmente, encontrar alguém que complementaria seus anseios de amor e carinho?

Eram dúvidas que se enovelavam na mente da jovem, adiando a chegada do sono para muito além da hora em que costumava dormir. Já que não adormecia, levantou-se da cama e foi até a sala. Espantou-se, pois encontrou a mãe acordada.

Anastácia nem conseguiu disfarçar os olhos inchados pelo choro, e ao ver a filha perguntou:

– Não conseguiu dormir ainda, filha?

– Não, mãe. Li a carta enviada por Nazaré e, depois, pensava na vida e em meu destino.

– Você tem mesmo certeza de que quer ir embora, filha?

Inclinando o rosto e colocando a mão com carinho no rosto da mãe, Anastácia disse:

– Ah, minha mãe! Penso que a minha ida é como um destino certo que o meu coração pede insistentemente. Sinto que é este o momento para fazer o meu primeiro voo e deixar o ninho. Sim, minha mãe querida, vou para

São Paulo. Sinto mesmo que é naquela cidade paulista que devo estar neste meu momento de vida. Já conversamos a respeito, expliquei em outras conversas a minha posição e gostaria muito que entendesse a minha escolha.

Cícera estava sendo sincera com a mãe. Sinceridade era uma qualidade sua desde pequena. Justiça e sinceridade eram os valores que sempre dizia ter. A mãe, por sua vez, tinha agora a certeza da decisão que a filha tomara de mudar-se para longe.

Quando assim concluiu, a emoção trouxe de volta as lágrimas e Anastácia olhou para a filha que também chorava. Elas se olharam e se aproximaram. Em seguida, abraçaram-se durante um tempo. Quando se afastaram, perceberam juntas, só pelo olhar, que a decisão da partida estava mesmo feita de forma irrevogável.

Anastácia, não obstante a tristeza que sentiu dentro de si, percebeu que o melhor a fazer seria apoiar a filha em sua decisão de mudar-se. Tendo que conformar-se, pensou na irmã Marina. Ah, como gostaria de ter a fé inabalável da irmã. Ela era forte e decidida. Parecia que para ela tudo era simples. Problemas graves como os de saúde que ela tinha passado, e ainda passava, nem de longe a abalavam. Muitas vezes presenciara Marina em grandes dificuldades, no entanto, jamais a vira desesperada. Interessante: ambas tiveram a mesma criação, porém, eram completamente diferentes; Marina, embora sendo a irmã mais nova, sempre se mostrava uma pessoa mais resolvida. Isso naturalmente deixava Anastácia intrigada. Que força era aquela? Muitas vezes perguntara a Marina e ela respondia:

– Minha serenidade eu devo ao conhecimento espírita que adquiri estudando e que sempre tento colocar em prática em todas as situações de minha vida. Com isso desenvolvi uma visão mais ampla da existência. Quando em dificuldade, procuro entender as vicissitudes pelas quais passamos como tendo a duração de frações de segundo mediante o tempo infinito da imortalidade do Espírito que somos e que anima o nosso corpo físico. Saber disso me faz, verdadeiramente, encarar sempre com coragem as dificuldades que aparecem na vida.

Após ouvir essas palavras, Anastácia sentia que estavam dissipando-se os pensamentos escuros que apareceram com a certeza da partida da filha. Refletiu nos argumentos de Marina e, então, começou a descobrir como seria importante conhecer com profundidade essa doutrina que tão bem fazia à irmã. Não iria esperar mais. No outro dia, logo cedo, procuraria Marina para que ela lhe falasse mais sobre a religião que há muitos anos abraçara. Como a madrugada avançava, lembrou-se que o dia se mostraria em poucas horas e que seria de trabalho intenso. Decidiu, então, recolher-se. Como de hábito, dirigiu o pensamento a Deus proferindo sentida prece. Com a elevação do pensamento sentiu a paz preencher por completo o seu coração. Adormeceu e, como acontece com todos nós durante o sono, o seu Espírito se desprendeu do corpo físico e ficou ligado a ele somente por um cordão, que os videntes descrevem sendo de cor da prata. Anastácia, então em Espírito, encontrou em desdobramento os familiares já desencarnados que a aguardavam no plano espiritual para que deles recebesse mais força e orientação.

Nonato, que fora o marido de Anastácia nesta encarnação, recebeu a esposa em desdobramento com um abraço; ela sentiu a emoção daquele carinho, como acontecia nas noites em que, carente da presença física do marido, abastecia a alma no sentimento mais puro de um amor sublimado. Pedro, o seu protetor espiritual, abraçou-a em seguida e, para melhorar a autoestima dela, confirmou que foi muito acertada a sua posição quanto à aceitação dos fatos, e que ela demonstrou muita maturidade ao respeitar a decisão da filha Cícera de mudar-se para a capital paulista.

Disse a ela também que existia um planejamento espiritual para Cícera aproximar-se de Herculano, que morava em São Paulo em nova encarnação e com outro nome, a quem estava ligada carmicamente. Disse ainda que, antes do reencarne de Cícera e Herculano, eles tinham planejado se unirem e serem pais de Paulo, a quem ambos, em vida anterior, já o tinham tido por filho e a quem amavam muito. Paulo ainda estava no plano espiritual até a pouco em condições de desacerto.

Paulo fora, em outra existência reencarnatória, um cientista com grande sucesso profissional. Como professor, ele tivera diante de si, após receber a maior titulação da carreira acadêmica, um potencial futuro em que faria pesquisas na área de Neurologia. No entanto, em um momento de fraqueza daquela que era neste tempo a sua noiva, foi traído. Sentiu essa traição de modo intenso e desproporcional. Não conseguiu perdoar aquela que seria sua futura esposa, e nem mais conseguiu retomar ao seu ideal de vida. Por isso, foi tomado de rancor por tudo e por todos e, assim, foi entrando progressivamente em decadência física e moral. Em desvario, entrou em contato com grupos escusos do exterior, para quem trabalhou usando seus conhecimentos científicos para desenvolver armas químicas. Essas armas afetavam de forma cruel o sistema nervoso do inimigo que, paralisado, agonizava em dores.

Herculano e Cícera, quando ainda estavam no plano espiritual, sofriam muito vendo o seu amado filho naquele descaminho. Viram também quando ele desencarnou cedo e, voltando para o mais além, ligou-se a grupos das sombras com objetivos igualmente escusos. Os pais tentaram aproximar-se de Paulo após seu triste desencarne, mas não foram nem percebidos por ele em seu estado de perturbação.

Paulo passou muitos anos em sofrimento, vivendo em furnas do submundo espiritual. Nesse local do além, era cercado por outros Espíritos revoltados, que proferiam palavras de rebeldia e desespero. Paulo, sentindo um profundo sofrimento causado por seu pensamento dementado, em um momento de lucidez, pensou no amor que recebera daqueles que foram seus pais, hoje Cícera e Herculano. Então, lembrando-se do amor que deles recebeu, sentiu arrependimento do que fizera de sua vida e orou singelamente pedindo às forças do bem do amor e da justiça que, em nome daquele a quem chamavam Jesus, o auxiliasse.

Atendendo ao seu pedido, os protetores espirituais, entre eles Pedro, mentor espiritual de Anastácia, o levaram a um posto socorrista do plano espiritual. Seu caso foi estudado e os mentores espirituais, em conversa com Cícera e Herculano durante desdobramento, propuseram que ambos o aceitassem como filho a ser gerado após o reencontro deles quando reencarnassem, seguido da união em casamento. Cícera e Herculano, quando ouviram a proposta, sentiram no íntimo uma mistura de felicidade, amor e esperança, e sentiram que foram atendidos em suas orações. Eles, emocionados, agradeceram à espiritualidade superior e a Deus, prometendo aceitar Paulo como o filho amado que voltaria ao lar em nova jornada na Terra. Para isso, quando reencarnado, Paulo receberia deles uma educação amorosa e firme para reconduzi-lo ao caminho do bem.

Capítulo 4

Encontro com o Espiritismo

O sol nascia na admirável terra potiguar, repetindo seu espetáculo de jogar luz no rio com exuberância e beleza.

Antes de ver brilhar a cortina da janela com os primeiros lampejos do sol nascente, Anastácia abriu os olhos. Já estava há algum tempo acordada e se sentia renovada em pensamentos. Programava com alegria inusitada o que fazer naquela manhã.

Ela mesma estava admirada com sua boa disposição e aceitação da partida da filha. Despertou sentindo em si muita tranquilidade e, agora, entendia esse seu bem-estar como sendo fruto da conversa com a filha na noite anterior. Naquela conversa se deu conta que Cícera era adulta e responsável por seu destino. Sem entender todas as razões, sentia muita paz em sua alma, mesmo sabendo que o que mais temia iria acontecer em breve, ou seja, Cícera iria embora.

Lembrou-se de forma nítida que havia sonhado com o marido abraçando-a; isso reforçou mais ainda a boa disposição que sentia hoje ao acordar. Nonato fora para ela um grande companheiro, e seu desencarne prematuro representou indizível perda. Se existisse mesmo vida após a morte, pensava ela, o que mais queria, quando partisse aqui da Terra, era poder reencontrar o marido que tanto amava e que, acima de tudo, fora seu amigo, parceiro e confidente. Mesmo sem conhecer a explicação para isso, e como há muito tempo não acontecia, ansiava por tê-lo junto de si, conversar; enfim, sentir a segurança de sua presença, algo que dentro dela, ainda que pensasse ser estranho, dizia ser possível.

Em sua mente, como projeções de filmes, as recordações surgiram sequenciadas, trazendo boas e suaves sensações de um tempo já bem distante. Pela imaginação, coloriu as lembranças que se projetavam em uma tela mental, na qual viu desenrolar os fatos da vida que tivera em comum com Nonato. Via, nessa projeção, os personagens – ela e ele quando eram namorados. Diante de seus olhos aparecia um casal, que eram eles quando muito jovens. Estavam, como namorados que eram, de mãos dadas e com o olhar um no outro. Desenhavam, como assim se fazia naquele tempo, o futuro comum com promessas e juras. Ela sorriu brejeira quando, em uma frase, apareceu sem querer versos singelos rimando felicidade com eternidade. Ele sorriu também. Recordou dos primeiros momentos em que a intimidade possível entre eles era a de caminharem juntos no centro da praça e, em seguida, sentarem-se em um banco repartido com outro casal de namorados. Eram ainda recém-saídos da ingenuidade da infância, recordava ela, quando em um desses momentos de intimidade relativa experimentaram entre si forças atrativas de sentimentos e hormônios. Olharam-se com ternura intensa e, então, sentiram ficar ainda mais poderosa a força atrativa daquele magnetismo natural agindo. Foi assim que essa misteriosa atração que experimentavam guiou os lábios dele para os dela e, ainda um pouco crianças que eram, fechando os olhos, descobriram juntos a magia do primeiro beijo.

Eles, os namorados de então, naquele momento descobriram o que sentem, em seus transes, os apaixonados, os poetas e os místicos... e os loucos, completou ela –, dizendo que assim eram, pois sentia estar fazendo algo que não devia.

Ele, justificado na certeza da elevação do sentimento que os movia, colocou as mãos nos lábios dela e, por este gesto só, dizia que podia e assim seria. Ela, sentindo a lisonja da rima, sorriu e, convencida, aceitou calada o que ele dizia; agora sem pejo, vergonha e rima, e, já beijando, disse:

– Sim, aceito agora outro beijo...

Naquele momento, não mostrado na tela mental, revoada de anjos, querubins e serafins, diriam aqueles cuja fé ainda ensinava que esses protetores, guias espirituais, seriam os seres privilegiados da criação, movimentaram-se no esforço de influir na biologia do casal para evitar que o encontro mais íntimo deles, marcados para depois do casamento, acontecesse.

Olhares, juras e toques apaixonados que trocavam, no banco da praça central da cidade, lembrou-se ela, acabaram por levá-los ao noivado e, depois, ao casamento. Logo foi acrescentado, na receita de convívio dos dois, o nascimento da filha que elevou ao máximo a felicidade do casal. Sim, foram felizes, mas... Como nas histórias de desde sempre, a hora de despertar é o alvorecer da realidade. A densidade quase material do tempo, como acontece sempre, demoliu a fantasia que por ser o sonho diáfano que era se desfez. Literalmente, desmoronou como aquelas duas cartas de baralho que as suas mãos de criança ajuntavam e os olhos viam como castelos de fadas. O companheiro se foi para o mais além, deixando Anastácia sozinha para cuidar da casa e da parte do sonho que não se desfez: Cícera.

No entanto, Anastácia desconhecia que o marido nunca a abandonara. Ao contrário, do plano espiritual sentia cumprir literalmente as juras de amor eterno, acompanhando e cuidando dentro de suas possibilidades, de sua Anastácia. O fato de Nonato estar invisível aos olhos físicos da esposa não significava ausência. A separação, considerando a escala de tempo da imortalidade, não duraria muito, e os sonhos frequentes que Anastácia tinha com Nonato representavam encontros em realidades mais sutis, porém, não menos reais. Esses encontros aconteciam enquanto o corpo físico dela descansava no sono. Embora Anastácia, na maioria das vezes, não registrasse na memória os benefícios recebidos, sabia, de certa forma, que a morte do soma físico do marido não desfizera a poderosa ligação afetiva entre eles; ligação esta construída nas muitas reencarnações em que vieram juntos para a luta terrena, acontecidas em multisseculares vivências.

Os minutos corriam e Anastácia decidiu levantar-se. Precisava preparar a tapioca doce que tanto gostava e arrumar as coisas da casa, porquanto decidira conversar com Marina a respeito da Doutrina Espírita. Para ela, era lógico que se aquela doutrina tanto ajudara a irmã certamente haveria de servir de base para que ela também suportasse com mais coragem a separação da filha que tanto amava. Não iria mais protelar o seu encontro com o Espiritismo.

Anastácia se sentou a mesa para, junto da filha, tomar o gostoso café acompanhado de bolo caseiro. Ela informou à filha que iria, ainda antes do almoço, à casa de Marina. Após o café, Cícera foi para o quarto arrumar as malas para a viagem próxima. Dobrando com capricho as roupas, antecipava na imaginação o futuro que já estava próximo. Agora, mais que nunca, via-se caminhando pelas ruas da capital paulista. O Espírito de Cícera intimamente sabia a necessidade de sua mudança. Chegara o momento de cumprir com o planejamento reencarnatório de encontrar Herculano. Juntos receberiam, com o amor que já sentia intimamente e ainda de forma difusa como futura mãe, Paulo, que aguardava, ainda no plano espiritual, já ligado a ela por laços ainda tênues de afeição. Obviamente que ela nada se lembrava deste planejamento que fizera antes de sua reencarnação como Cícera. Porém, pela via da intuição, sentia as transformações prestes a acontecer em sua vida.

Anastácia, ao contrário de sua maneira agressiva de agir dos últimos dias, caminhou segura, entrou no quarto e falou amorosamente com filha que continuou arrumando as malas:

– Minha querida, vim avisá-la que já estou saindo para ir até a casa de sua tia. Não se preocupe, voltarei para o almoço. Tenho muitos trabalhos para entregar à tarde, por isso não demorarei por lá.

– Tudo bem, mãe. Eu também estou ocupada deixando tudo em ordem por aqui e arrumando as minhas coisas para a viagem. Quero ir o mais breve possível. Hoje mesmo ligarei para Nazaré informando que pretendo partir na semana que vem – disse Cícera surpresa com a compreensão da mãe sobre a sua opção de mudar-se para São Paulo.

– Faça como quiser, filha, mas saiba que esta casa é e será sempre sua. Aconteça o que acontecer, minha filha, sou sua mãe e devo sempre estender meus braços quando você chamar.

Anastácia estava serena. O sono fizera muito bem ao

seu corpo físico, que repousara enquanto o seu Espírito, nas andanças pelas plagas do mais além, encontrava-se com Nonato, o que a fez, por suas palavras e afeição, restabelecer no íntimo a autoconfiança.

– Como é bom ouvir isso, mãe. Sei que posso contar com a senhora. Nossa vida nunca foi fácil, bem sabemos; todavia, nunca fui privada do essencial para viver com dignidade, embora tenha tido colegas que não tinham sequer o básico para alimentar-se. Aliás, nunca me faltou o alimento do corpo e tampouco o alimento da alma, que é o afeto. Você e papai foram carinhosos, deram-me excelente educação e bom estudo. Aprendi em nossa família valores como honestidade, trabalho e respeito. Vocês me ensinaram a orar, ter fé e esperança. Embora vivendo em um lar modesto, sempre senti a segurança de ser amada e de amar. Isso conta muito, minha mãe!

Sem conseguir impedir que os olhos ficassem molhados por aquele espontâneo, sincero e emocionado relato da filha, Anastácia sentiu a grande satisfação de perceber, naquele momento, que tinha feito como mãe um bom trabalho em sua educação. Cícera prosseguiu:

– Sabe, mãe, recordo com perfeição o presente que ganhei de meu pai logo que aprendi a ler. Foi um livro de poesias com uma jangada na capa, que falava de nossa terra natal e suas belezas naturais. Se hoje sou essa pessoa ligada à leitura e à poesia, e se hoje sinto ter uma alma sensível que busca o conhecimento na arte e na leitura, é devido a ele. Hoje entendo que mesmo sendo meu pai um homem de pouca escolaridade, deu como presente não apenas um livro, mas deu também com aquele presente uma lição de sabedoria por ser o mesmo um livro de poesias. Ele, meu querido pai, educou-me muito mais por seu exemplo de vida do que por palavras. Estes são valores que para mim são importantes e que ficaram marcados na memória e no sentimento.

– Ah filha! Fico muito feliz em escutar isso de você! – disse Anastácia, disfarçando com a mão uma lágrima que escorreu. – Muito feliz mesmo, repetiu ela... Agora vou para que não fique tarde. Até mais.

– Até, mãe.

Antes de partir do quarto da filha, olhou para ela sem perceber que Nonato, de onde estava no outro lado da existência, punha as mãos de seu corpo espiritual em seus ombros e, unidos, um daqui e outro do além, em laços só percebidos pelos videntes e pelos que se amam, olhavam juntos abençoando a filha que, distraída, fechava o zíper da mala.

Assim, ficou um tanto mais doce o sentimento que ia lá dentro de seu coração de mãe. Caminhando para chegar à casa da irmã, Anastácia foi refletindo sobre as fases da sua vida. Marina tinha razão quando disse: "– A vida se faz no tempo que se desdobra em ciclos com começo, meio e fim." Daí, pensou Anastácia, a importância de aproveitar cada uma dessas fases no seu tempo de acontecer. Regozijar-se com os filhos pequenos, admirar-se com a experiência que chega e ver com naturalidade os cabelos brancos que brotam, queiramos ou não. A irmã dizia que a felicidade consiste em perceber a beleza de cada uma dessas fases. Anastácia tinha de reconhecer a coerência das afirmações dela. Ela mesma era prova disso, pois passava por essas transformações. O nascimento da filha, seu crescimento e agora a sua partida do lar. Lembrou Anastácia que Cícera, quando menina ainda, corria, cantava, brincava e, assim, alegrava as pessoas e os lugares. Fases que vem e vão... Antes ela pensava nisso com tristeza, mas agora ela compreendia tudo com naturalidade. Não sabia, conscientemente, o porquê, mas compreendia que existia um propósito maior na existência que tudo guiava, tudo via, que vestia as flores do campo e que ensinava o canto aos pássaros que cantam nas matas... Essa maneira de percepção dos acontecimentos nas várias fases da vida é a que tinha se referido Marina...

Ah, como estava diferente este dia que a pouco se fizera. Quanta novidade agora percebia. O sonho com o marido, o relato agradecido e emocionado da filha e o que é mais incrível: mesmo sabendo que Cícera estava partindo, sentia paz! “O que mais faltava acontecer?” – pensava ela. Agora, andando pelas calçadas de Mossoró e quase na casa de sua irmã, pensou em seu futuro. Como encontrar, de agora em diante, incentivos para continuar a sua luta do dia a dia? Como faria para “trabalhar” em seu pensamento a saudade que fatalmente sentiria da filha querida?

A caminhada entre sua casa e a de Marina durou pouco mais de dez minutos. Elas eram irmãs que tinham boa convivência, muito amigas e confidentes, por isso, ao chegar, foi entrando e ao mesmo tempo avisando:

– Ô, de casa... A porta está aberta e eu estou entrando...

Marina, sempre bem-humorada, riu da irmã.

– E desde quando você precisa avisar para entrar em minha casa, Anastácia? Ora, ora, pare de fazer cerimônia e entre, minha irmã.

Marina acolheu Anastácia com os braços já estendidos bem antes de ficarem próximas, demonstrando, assim, muito entusiasmo com a vinda dela. Envolvidas no abraço, sentiram juntas a alegria espontânea que resultou no riso delas, mostrando uma para a outra a felicidade verdadeira que sentiam naquele encontro.

O envolvimento e a afinidade demonstrados no forte abraço fizeram sentir que faziam parte de uma mesma família espiritual, cujos laços familiares se estendiam por vivências em reencarnações contadas no tempo de muitos séculos.

Marina, segurando a mão de Anastácia com carinho e olhando dentro dos olhos dela, sondou os seus sentimentos, entendendo tudo que estava em seu íntimo. Sentou-se à mesa e ofereceu a ela seu delicioso bolo de fubá. Anastácia, sem alternativa de não aceitar, pegou uma fatia da guloseima e se serviu do café. Antes mesmo de colocar a xícara de volta sobre o pires, disse a Marina porque estava ali e, sem esperar resposta, iniciou os seus questionamentos sobre a doutrina codificada pelo francês Allan Kardec.

– Minha irmã, você sabe que eu a admiro muito pela coragem, sabedoria e calma que mostra sempre e, principalmente, frente aos grandes problemas da vida. Sua serenidade há muito que me intriga. Quando a questiono, você diz que ela se deve ao conhecimento espírita. No entanto, quando tenta explicar com mais detalhes, aí sou eu que busco escapatória e nem sei por que mudo de assunto. Ora, se relutei por muito tempo em conhecer este "mistério", hoje venho aqui justamente para que me fale sobre essa doutrina que tanto bem lhe faz.

– Ah, quanta alegria em ouvir isso de você, Anastácia. Como é bom saber de seu interesse pelo Espiritismo. De fato, minha irmã, a Doutrina Espírita tem sido, literalmente, ao longo dos anos, um farol que ilumina minha existência. Sem esse conhecimento e a proteção que encontro na Casa Espírita, nem sei como faria para ainda estar aqui.

– Sim, gostaria de conhecer um pouco mais, visitar o Centro Espírita que você frequenta, enfim, estudar – afirmou Anastácia.

Não obstante não terem podido frequentar uma

faculdade, tanto Marina como Anastácia liam muito e se empenhavam em informar-se e estarem sempre atualizadas quanto a novos conhecimentos e tecnologias. A sede por aprender era inerente à alma de cada uma delas. Marina, no entanto, mostrava mais evolução no aspecto intelectual por ser um Espírito que vivenciou mais existências na carne e, por isso, possuía mais facilidade para aprender do que a irmã. Entretanto, Anastácia também assimilava as lições da vida com relativa facilidade.

Marina, feliz com a postura da irmã em querer conhecer a Doutrina Espírita, naquele instante percebeu, um tanto pelo raciocínio e outro tanto pela via da intuição, a presença de Espíritos amigos. Essa presença de mentores da espiritualidade maior envolvia ambas em uma atmosfera de amor para que pudessem, aproveitando aquele momento existencial de Anastácia, transmitir a ela algumas das lições que o Espiritismo ensina.

Anastácia perguntou:

– Diga-me, o Espiritismo é cristão?

Marina fez silêncio e, mentalmente, pediu auxílio aos mentores, que sabia, estariam presentes inspirando-a, e então, iniciou a sua fala:

– Sim, Anastácia. Aliás, os Espíritos protetores disseram ao codificador da Doutrina Espírita, Allan Kardec, quando ele perguntou: "Qual o tipo mais perfeito que Deus tem oferecido ao homem, para lhe servir de guia e modelo?", a resposta dos Espíritos da codificação foi: "Jesus". Complementaram, ainda, dizendo que Jesus é o mais puro de quantos têm aparecido na Terra e diz, também, que o Espírito Divino o animava.

Jesus, como nos mostra o outro livro básico *O Evangelho Segundo o Espiritismo,* veio trazer a mensagem mais doce e bela de todos os tempos, ensinando que o amor é a base da felicidade possível de ser construída aqui na Terra, e que ela um dia será herdada por aqueles que forem pacíficos. Jesus é o professor incomparável, o mestre inigualável que desceu das culminâncias da espiritualidade para, pessoalmente, vir ensinar-nos como trilhar o caminho do progresso, e entregou o sangue e a carne de seu corpo físico em suprema lição prática do amor que consta do texto de seu Evangelho. Temos, assim, minha irmã, que reconhecer que esta é mesmo a prova maior de amor, não é?

Não imaginava que o Espiritismo se referia à figura de Jesus com tanto carinho e apreço – concluiu Anastácia admirada.

– O nosso Mestre é o sublime professor, minha irmã. Ele é o responsável pela evolução de nosso planeta. Para o Espiritismo, no entendimento de Léon Denis, e confirmado pelo mentor espiritual Emmanuel, ele é o governador do planeta Terra. Suas lições são repletas de reflexões para aprendermos o bem viver, ou seja, viver a alegria em plenitude crescente nas fases boas da vida e nas provações, viver com sofrimento tanto menor quanto maior for o nosso entendimento das verdades ensinadas por este Nazareno.

– Ora, Marina, assim como falou, eu entendi que quem é muito evoluído nas virtudes praticamente não sofre. Não acredito que seja possível viver sem sofrimento. Vejo tanta gente sofrendo, em dificuldades, com vários problemas. Diga-me: por que tanto sofrimento em nosso planeta? Por que sofremos tanto?

– Anastácia, o sofrimento é opcional. Não viemos aqui para sofrer, mas sim para aprender. O fato de termos problemas não quer dizer que precisamos sofrer. Problemas todos têm, uns mais, outros menos. Estamos encarnados em um planeta de provas e expiações, portanto, as provas são necessárias ao nosso progresso. Elas nos fazem pensar, raciocinar, refletir. No entanto, o fato de sermos visitados pelas provações não quer dizer que o sofrimento também virá. Se suportarmos as provas com coragem, confiança e fé no futuro, tudo será bem mais fácil. Ou seja, como diz Jesus no texto do Evangelho de Mateus "o fardo ficará mais leve". O sofrimento está ligado diretamente à visão que temos da vida. O que colocamos em nossa casa mental, movido por nossa fé, vontade e esperança, cria uma realidade de mais dor ou menos dor. No caso de considerarmos os problemas que a vida nos apresenta como difíceis e complicados e se vemos dificuldades em tudo, certamente o sofrimento caminhará ao nosso lado e até poderá crescer enquanto estivermos nesse padrão mental. Acima de qualquer coisa, minha irmã, devemos lembrar-nos de que Deus é Pai de bondade, justiça e misericórdia.

– Ah! minha irmã... Foi isso que aconteceu para amanhecer hoje. Desde que Cícera colocou na cabeça a ideia de mudar-se para São Paulo, eu tenho sofrido muito pensando na separação. Não me conformava com a ideia e, assim, cada vez sofria mais. Dormi ontem com o coração apertado e em sofrimento, mesmo tendo feito uma oração pedindo ajuda a Deus neste momento difícil de minha vida. Acredito que fui atendida em minha prece, pois nessa noite sonhei com meu falecido marido. Sonhei que ele, sob a proteção de mentores espirituais, abraçava-me, dizendo que com fé em Deus estaríamos protegidos e que a mudança de Cícera era para o bem, com isso, graças a Deus, fiquei bastante tranquila e assim estou até agora.

– Mas por outro lado, já que falou em justiça, Marina, eu intimamente sempre questionei onde estaria a justiça de Deus neste nosso mundo. Como conceber pessoas inteligentes, capazes, com diversas habilidades e outras extremamente limitadas, incapazes de aprender simples contas de adição e subtração. Às vezes, pego-me com esses questionamentos, mas, para não aborrecer a Deus, procuro não pensar muito nessas coisas.

Marina se inclinou de um lado na cadeira, inclinou-se do outro e, ajeitando a saia disse:

– Deus jamais se aborrecerá com seus questionamentos, até porque foi Ele, o nosso Pai de amor e de bondade que nos permitiu apetrechar a mente com o recurso do raciocínio. Ele quer ainda que exercitemos essa inteligência frente aos nossos "enroscos" existenciais para que este "dom" se desenvolva mais ainda. Ele, Deus, nosso Pai, quer que utilizemos a inteligência e o raciocínio sempre. O Onipotente, minha irmã, como bem definem os filósofos invisíveis, que nos falam pelos médiuns ou por lavra própria em seus textos quando encarnados, é a Inteligência Suprema, causa primária de todas as coisas. Nós somos seus filhos, Espíritos criados simples e ignorantes, mas que estamos a caminho da perfeição moral e intelectual. A cada reencarnação aprendemos mais, evoluímos mais, e esse saber vai agregando-se como patrimônio inalienável ao Espírito imortal que somos. Aprendemos sempre com as diversas vivências que temos pela entrada na vida biológica, no reencarne, e pela saída no desencarne. Aprendemos, ainda, quando desencarnados, entre uma e outra jornada terrena, nas vivências com um corpo sutil no mais além. Logo, minha irmã, sendo Deus a Perfeição Suprema, ele não comete erros. Tudo tem uma razão de ser. Porque viveram mais sabem mais, tiveram mais experiências. Os que sabem menos, cedo ou tarde, também atingirão os níveis das outras criaturas. A questão da justiça está equacionada pela maravilhosa lei da reencarnação, Anastácia.

Questionamentos borbulhavam na mente de

Anastácia. As respostas da irmã foram intrigantes. Dúvidas surgiam dando espaço a novos questionamentos. Percebeu que tinha urgência em obter os conhecimentos do Espiritismo, iniciando pelos mais elementares, para poder aproveitar melhor as conversas com a irmã. Decidiu aprofundar-se um pouco mais nesses temas. Iniciaria as visitas ao Centro Espírita, frequentaria as palestras nas reuniões públicas e aproveitaria para ler um pouco mais e questionar Marina. Jesus, Deus, justiça divina, Espíritos... Quantas novidades! Ah, quantas surpresas para apenas uma manhã. Definitivamente, naquele dia, Anastácia saíra da rotina. Momento solene em sua vida, que marcava o seu encontro com o abençoado farol chamado Espiritismo.

Obviamente que seus olhos físicos não enxergavam, mas na sala simples de Marina uma assembleia de Espíritos assistia, com grande emoção e amor, a conversa das irmãs.

Capítulo 5

Na rodoviária

Cícera, Marina e Anastácia estavam no terminal rodoviário de Mossoró. O movimento de ônibus e de pessoas, no vai e vem incessante, era só um pano de fundo desfocado no mundo imaginário de Cícera. Nesse tipo de transe, o pensamento da jovem já ia quilômetros a frente do seu corpo físico, atraído pela esperança e fugindo da saudade. O coração das três marcava compasso unificado vendo agora o caminho de cada uma bifurcar outra vez. Essa emoção acontecia por terem sido, na longa viagem do tempo, unidas por dores, alegrias e amores de vidas em comum. Marina, que no discurso não sofria, sofria agora na emoção da partida da sobrinha rumo a São Paulo. Certo consolo trazia a elas o fato de que, desde então, Cícera seria a companhia de Nazaré, filha de Marina, que também morava em São Paulo.

Enfim, chegara o grande dia da partida. O pensamento de Cícera agia em sua intimidade como um tufão que, aonde chegava, levantava e revolvia tudo. No redemoinho da ansiedade, insuflado pela saudade e esperança, girava a alegria, e até a certeza, de dar-se bem. Era esta certeza que dava força a decisão de vencer a inércia e deixar sua zona de conforto para encarar mudanças radicais, já em seus primeiros passos no mundo dos adultos.

Ao passar os olhos pelas pessoas que se movimentavam na rodoviária, ela focou melhor o cenário e se sentiu um pouco mais aliviada e serena, afinal, não estava sozinha com aquele misto de sentimentos. Identificou e compartilhou, no semblante dos outros, olhares de felicidade, tristeza, angústia, e percebeu que essas emoções fazem parte do caminhar humano por este planeta, especialmente nas encruzilhadas das rodoviárias, portos e aeroportos da vida. Emoções como essas não eram exclusividade dela, e fazer essa constatação a tranquilizou.

Anastácia, por sua vez, parecia ouvir uma voz interior que dizia que a filha ia ao encontro do seu destino e, com espanto, percebeu a sua própria naturalidade em aceitar esse fato. Por isso sua tristeza não era tão angustiante como outrora. Chegara para ela o momento de aprender, na prática, que cada um tem o direito de escolher o seu próprio caminho. Começava a olhar adiante e perceber, com os rudimentos da Doutrina Espírita, ensinados por sua irmã, que pessoas seguem ao nosso lado pela vida e, em determinado instante, devem partir para cumprir suas programações existenciais. Muitas vezes, essas programações foram feitas em tempos anteriores ao reencarne, mediante o uso do livre-arbítrio em condições estendidas de entendimento e, às vezes, até com conhecimento das mazelas contraídas no pretérito. As referidas programações reencarnatórias, muitas vezes, agendam vivências em comum, nas quais acontecerão experiências que visam o progresso das criaturas.

Anastácia olhou para a filha e a tranquilizou com o olhar. Ela, realmente entendera e aceitara que Cícera estava partindo e que nada mais poderia ser feito, a não ser torcer e vibrar pelo sucesso da querida filha, como fizera, certa vez, com sua sobrinha Nazaré.

Marina olhou em volta e chamou a atenção de Anastácia e Cícera, observando:

– Vejam a expressão das pessoas aqui na rodoviária. Percebam o misto de sentimentos. Enquanto alguns poucos mostram um semblante neutro, outros estão empolgados à espera de alguém amado que chega, enquanto muitos mostram tristeza pela partida do afeto que vai.

Percebendo que Marina pensava o mesmo que ela, Cícera observou:

– De fato, minha tia, você tem razão. Somos mesmo nós três, disse ela girando a mão com o indicador para cima, unidas em pensamento. Eu mesma percebi que não estou sozinha em minha ansiedade; há muita gente assim por aqui.

– O que sente é normal em face das expectativas que agora surgem, Cícera. Cuide apenas para que esse pensamento não a domine, trazendo insegurança.

– Ah, minha tia, eis ai o grande mistério. Como fazer isso?

– Procure exercitar a sua vontade, fazendo a inteligência delimitar o espaço de ação de seu pensamento e não a ansiedade. Busque agora raciocinar em torno do que está acontecendo com você. Encare as novidades e as mudanças como algo natural pelas quais todos nós temos que passar para o progresso do Espírito imortal que somos. Acredite, tudo que nos acontece, se bem trabalhado, nos faz crescer. Bem sei que em situações como esta não é fácil colocar ordem em nossa casa mental, mas é necessário treino, como tudo na vida. De qualquer forma, você sabe que em São Paulo terá todo o apoio necessário de Nazaré. Somente isso já é motivo suficiente para você pacificar o seu pensamento e ficar tranquila.

– Sem dúvida, tia. Eu e Nazaré nos sentimos e agimos como duas irmãs – afirmou Cícera, olhando a tia com ternura e demonstrando emoção na voz.

– Ademais – disse Marina – sinto, junto com Anastácia, que somos mesmo mães de vocês duas. O que é muito importante também, nesses momentos, é lembrar que, como sabemos, os amigos espirituais estão sempre ao nosso lado, amparando-nos em nossas necessidades. Você não está e nunca estará sozinha, minha querida. Tranquilize-se, pois, com a educação que recebeu e com os valores que tem, terá a proteção espiritual e, com ela, tudo dará certo.

Anastácia, já há um certo tempo sem falar, balançava a cabeça concordando com Marina. Ela também assimilava como a filha, as ponderações da irmã.

Cícera a tudo ouvia com extrema atenção. A tia, que irradiava bondade, era inspirada ainda pelos protetores espirituais e, assim, promovia tranquilidade efetiva no coração inquieto da sobrinha.

Cícera, já bem tranquila, agora se lembrou de que constantemente as pessoas procuram sua tia para, em momentos de incertezas, receber, por esclarecimento, a palavra amiga. Marina, por outro lado, sempre generosa e afável, jamais deixara de atender quem quer que fosse. Cícera admirava a mãe e, mais ainda, a tia, que eram verdadeiramente o que as pessoas denominam, por suas lutas, de guerreiras. Aliás, ela e Nazaré não podiam reclamar quanto à qualidade da educação que receberam, porquanto, tanto Marina como Anastácia, eram mulheres notáveis, em todos os sentidos.

Enquanto isso, Anastácia observava com atenção a conversa de ambas e não se atreveu a interromper a fala da irmã, pois sabia que Cícera considerava muito a tia. Além do que suas lições eram sempre oportunas e tinham o poder de esclarecer e consolar. Ela mesma já se servira muitas e muitas vezes dessa capacidade de Marina.

Cortando a saudável conversa de tia e sobrinha, o ônibus encostou.

Cícera procurava ser rápida para abreviar a intensa emoção que sentia estar chegando. Entregou ao funcionário da empresa de ônibus a passagem e a mala, recebendo dele o comprovante de entrega de bagagem.

Neste momento, os olhares de mãe e filha se cruzaram, e as lágrimas chegaram juntas. Finalmente: "o momento da partida!" – pensou Anastácia.

Marina, um tanto ansiosa desejando também abreviar o momento, deu um apertado abraço na sobrinha, que retribuiu. A tia, então, afastou-se. Deixou mãe e filha sozinhas para que pudessem, naquele instante, viver o que seria o rompimento de um cordão umbilical afetivo.

Anastácia olhou para Cícera e, pela mágica do entendimento, já viu ali, naquele instante, a bela mulher que era sua filha.

Cícera, sem a necessidade das palavras, compreendeu que ela, antes menina, nascia naquele momento para a existência adulta, e respondeu a mãe, só com o olhar, que assim também entendia.

Cícera disse a si mesma, na linguagem do pensamento: "Adeus Mossoró, adeus minha mãe, adeus minha tia, adeus a mim mesma menina..." No seu pensamento, via a ponte sobre o rio Mossoró. Ela olhava o chão e, depois, levantando lentamente a cabeça, viu sua alma intangível passar pela ponte e, já na outra margem, olhou para trás e viu a menina que já não era mais, descalça, acenando ao longe... Saiu, então, do mundo da imaginação e chorou; viu as lágrimas pingarem grandes na escada do ônibus se sentiu só, muito, muito só... E triste, muito, muito triste...

Anastácia, segurando a filha pelo ombro, carinhosamente disse:

– Filha, aqui sempre será o seu lar.

Cícera apenas balançou a cabeça afirmativamente. Não era mesmo preciso dizer palavras. Melhor seria deixar os sentimentos falarem. Com força, abraçou a mãe e partiu, levando a esperança e a certeza de que ia ao encontro do seu destino.

Capítulo 6

A viagem

Fazia uma hora que o ônibus partira, e Cícera ainda estava apreensiva pela intensa emoção da partida. Sentia ansiedade, ainda que diminuída pelas palavras da tia Marina. Por outro lado, viajando sozinha para o seu novo destino, vivenciava a liberdade daquele momento em que estava na posse de sua nova condição de pessoa adulta. Curiosa, sentia-se como o filhote da ave que, ainda próxima da casca do ovo, descobria o mundo. Prestava muita atenção em tudo que se passava, desde as mais belas paisagens do sertão nordestino, que se mostravam à janela do ônibus, até as pessoas que alegremente conversavam lá dentro.

Para ela era tudo novidade, afinal, não se lembrava de ter feito viagem assim tão longa e, ainda mais, sozinha. Foi, então, que notou uma senhora caminhando pelo apertado corredor do ônibus. Bem trajada, de estatura baixa, olhos esverdeados e pele morena. Eis que, parecendo atraída pelo olhar de Cícera, a mulher chegou até ela e parou. Nossa viajante, não entendendo o porquê, ficou encantada com a simpatia da senhora e imaginou que seria bom que fosse dela o lugar desocupado ao seu lado. Atendendo a esse apelo mental de Cícera, a senhora se aproximou e parou. Cícera, insinuando um gesto de aceite, encolheu-se em sua poltrona junto à janela.

A senhora, também com um gesto, agradeceu a gentileza, sentou-se ao seu lado e, segurando nas mãos um livro, mesmo sem um diálogo de apresentação, esclareceu:

– Trabalho em uma editora espírita, para a qual distribuo livros e estou viajando para São Paulo a serviço da empresa. Faço isso há alguns anos. Gosto muito de livros, principalmente de obras espíritas. Estou nesse trabalho por necessidade e por ideal. Acho importante compartilharmos o que é bom e o que nos ajudou em momentos de dificuldade. As pessoas, às vezes, passam por situações em que precisam de uma palavra amiga, falada ou escrita, enfim, de um conforto, e os livros espíritas são nossos melhores conselheiros. Aliás, principalmente este aqui – afirmou a senhora, apontando para o exemplar de *O Evangelho Segundo o Espiritismo* em suas mãos.

Cícera, curiosa com o modo "farto" de falar da recém-chegada, indagou:

– A senhora é praticante dessa doutrina?

– Sim– respondeu a mulher. – Faz alguns anos que tive a oportunidade de conhecer o Espiritismo.

– Ah! – exclamou Cícera – Minha tia é espírita faz muitos anos.

– E quem é sua tia?

– Ela se chama Marina, e trabalha no Centro Espírita Seara de Luz, em Mossoró.

A senhora, surpresa com a resposta de Cícera, e sabendo que em Mossoró só existia um Centro Espírita com esse nome, perguntou:

– Você disse Marina?

– Sim – respondeu a ela.

A senhora prosseguiu com o interrogatório:

– Ela é viúva?

– Sim, meu tio nos deixou há alguns anos. Por quê? A senhora a conhece?

– Ah, mas como não! Sua tia me ajudou nos momentos de maior dificuldade em minha vida. Aliás, foi ela quem me aconselhou a ser voluntária e fazer distribuição, até gratuita quando for o caso, de livros, para fundar ou suprir as bibliotecas dos centros espíritas aqui da região – informou a senhora.

Cícera, admirada com o que ouvira, interessou-se para saber mais detalhes sobre aquela peculiar figura. Percebeu que nem sequer havia perguntado o seu nome.

– Como se chama?

– Ah, desculpe-me, com a conversa me distrai e não me apresentei a você. Eu me chamo Célia Moraes. E você?

– Eu sou Cícera, filha de Anastácia, que é irmã de Marina.

– Prazer em conhecê-la, Cícera. Que bom viajar com alguém que está tão próxima de Marina. Ela é, entre as minhas amizades, a do reduzido grupo a quem dedico maior consideração.

Cícera sentiu alegria com aquele elogio a Marina, reafirmando a ela mesma o que tinha acabado de aprender em sua recém-iniciada vida adulta: a tia Marina era mesmo um ser humano especial! A mulher elogiara sua tia, dizendo que ela era muito importante em sua vida. Uma sensação de segurança, vinda da alma, garantiu a Cícera a assertividade das orientações que recebera da tia, ainda na estação rodoviária. Lembrou-se que Marina verdadeiramente conhecia o Evangelho e, mais ainda: em todas as circunstâncias praticava a caridade; e, como poucos, amava as pessoas e as incentivava a praticar o bem. Naquele instante, em sua tela mental, em retrospectiva, viu e ouviu a tia dizendo: "Façamos como recomendou Jesus – Amar o próximo como a nós mesmos". Ela estava mesmo admirada com a força da convicção de Marina, que deslocou aquela senhora de sua comodidade e a incentivou a percorrer as estradas, divulgando e distribuindo livros espíritas. No entanto, não sobrou tempo para maiores divagações, porquanto Célia, como se lesse seu pensamento, disse à Cícera:

– Há dez anos minha filha desencarnou em grave

acidente automobilístico. Ela tinha apenas treze anos quando partiu daqui, deixando eu e Ribamar, meu marido, literalmente em total desespero. Minha garota, minha querida menina, chamava-se Silma. Era, ou melhor, "é" a luz de nossa vida, pois, embora fora do alcance da vista física, sei que de onde está ela continua existindo e nos amando. Quando entre nós, e seus olhos nos olhavam, deixavam ver também, lá dentro dela, a alma menina que transbordava alegria, vida e bondade! Nossa criança moça, falo sem modéstia, era muito educada. Muito educada mesmo. Gentil com todos e excelente filha. Sonhava e tinha uma convicção: ser médica pediatra. Apaixonada por leitura, todos os dias lia para mim poemas lindos que aprendia também com os *bits* e *bytes* da *internet*. Até ensaiava alguns versos ingênuos que, por isso, para o meu ler, eram mais lindos. Ela era mesmo luz em nosso dia! Éramos muito felizes. Posso dizer que até não tínhamos dificuldade em nosso viver. Nem problemas de saúde, tampouco de ordem financeira, pois Ribamar, que substituiu o pai na direção da empresa que foi de seu avô, é um empresário bem-sucedido. Mas, infelizmente, nem mesmo com a estável condição financeira de nossa família, que nos permitia os melhores recursos da medicina, foi suficiente para manter Silma entre nós.

Cícera, que ainda experimentava as emoções de sua partida de Mossoró, sentiu aflorar lágrimas que desfocaram o seu olhar. Célia prosseguiu:

– Foi, então, Cícera, que ficamos mesmo desesperados e amargurados. Nós sentimos a perda de Silma como o apagar literal da luz em nossa vida. Ribamar e eu éramos sócios em nossa desilusão. Éramos parceiros de um sofrimento para nós infinito e que, mesmo sabendo ser conceitualmente impossível acrescentar mais amplitude ao infinito, em nossas lamentações nós buscávamos isso, remoendo os detalhes da perda de nossa querida Silma. Sem mais o que fazer para entender a razão de tão dolorosa prova e carentes de forças para continuar vivendo, chegamos, se assim posso dizer, ao fundo do poço.

Prosseguiu Célia:

– Grandes e verdadeiros amigos, vendo-nos assim, tomaram-nos pelas mãos e, desta maneira, verdadeiramente puxados, chegamos ao Centro Espírita Seara de Luz, em Mossoró. Ali conhecemos sua tia, que nos atendeu no trabalho de atendimento fraterno, naquela casa abençoada a beira de nosso caminho.

Por muitos meses, frequentando semanalmente aquele Centro Espírita com as inspiradas palavras de sua tia que ali ouvimos, juntamente com palestras assistidas e passes recebidos, sentimos voltar, pouco a pouco, a nossa força para o retorno à vida. Marina, com seu trabalho, restituiu a nós a esperança, a confiança em Deus e em nós próprios. Aprendemos com ela que a Doutrina Espírita nos permite entender a morte sob outro ponto de vista; não mais como o "fim da linha", como nos ensina a nossa cultura, mas sim que somos, na verdade, Espíritos imortais, que vestem provisoriamente um corpo físico. Aprendemos com ela, pelas letras dessa consoladora Codificação Espírita, que o Espírito que somos existe há muitos milênios e que continuará na infinitude da imortalidade. Aprendemos ainda que vamos agregando, nessa trajetória dos tempos, qualidades morais e intelectuais que nos habilitarão um dia a integrar a esfera dos Espíritos puros e perfeitos. Também aprendemos que, nesta caminhada rumo à perfeição, teremos por destino a felicidade plena, de um existir perene equivalente aos estados de almas celestiais descritos pelas religiões.

– Imagino o que sofreram, principalmente antes de ter aprendido tudo isso – disse Cícera.

– Sofremos muito, Cícera. Primeiramente, porque não tínhamos conhecimento da continuação da vida, depois, porque não compreendíamos a razão de nossa filha ter sido levada tão cedo. Mas hoje entendemos que o cruzamento de nosso caminho com o da querida Marina foi um trabalho da Espiritualidade Maior, que nos colocou em contato com ela. Acredito que, passados esses dez anos, embora a saudade ainda nos visite e nos mostre um lugar vazio onde estava a cama de nossa filha, temos hoje a certeza que encontraremos Silma em uma esquina das muitas moradas da Casa de Nosso Pai de Amor, que sempre quer para nós, como Pai que é, o melhor em paz e felicidade.

– E como a senhora começou neste seu trabalho com os livros? – questionou Cícera, curiosa como de costume.

– Ah! – exclamou Célia – Eu sabia que me perguntaria isso. Sugestão de sua tia. Eu ficava em casa apenas aguardando o retorno de Ribamar do trabalho, das viagens, enfim, de sua vida atribulada de empresário. Daí, vendo minha ansiedade e inquietação, sua tia deu a sugestão de eu ocupar melhor o meu tempo; não com uma ocupação qualquer, mas com algo que me preenchesse e, de certa forma, pudesse chegar até Silma como uma forma de oração. Como ela apreciava livros e leitura, decidi dedicar parte de meu tempo em trabalho para esta editora, contatando livrarias e divulgando obras espíritas, assim, estaria também consolando, através dos livros outras pessoas, como fui consolada.

– E a senhora tem tido muito sucesso nessa empreitada? E os lucros da livraria, como são empregados?

– Faz oito anos que estou nessa tarefa. Como disse a você, Ribamar viaja muito e, por isso, saio percorrendo boa parte de nosso Estado pelo menos duas vezes por mês. Quanto aos lucros, são revertidos para as obras assistenciais dos centros espíritas aqui mesmo da região. Posso dizer a você que, muito mais do que distribuir livros, enchi meu coração de alegria e satisfação com esse trabalho, pois é algo que me faz sentir útil, e hoje compreendo que fazer o bem sempre faz parte de nossa programação existencial. Fora da caridade não há salvação, ensina-nos o Espiritismo.

Cícera estava surpresa. Mal começara sua viagem a São Paulo e encontrara justamente uma conhecida de sua tia, ou melhor, alguém que ela muito ajudara e que tomara por responsabilidade existencial divulgar, em livros, a mesma Doutrina Espírita que sua mãe tanto elogiara nos últimos dias. No entanto, antes que pudesse continuar com suas elucubrações mentais, Célia a interpelou:

– E você, Cícera, para onde vai?

A jovem disse, então, a Célia sua história, com um brilho nos olhos que parecia acompanhar a cadência das palavras. Falou da aspiração em trabalhar e estudar na capital paulista. Falou de suas dúvidas e temores em deixar a mãe, o lar, os amigos e Mossoró. Falou da insegurança que ainda sentia na aventura em buscar a cidade que via sempre descrita pelas suas mazelas, nos noticiários naquela heroica, velha e "esforçada" TV de sua casa em Mossoró. Disse ainda do temor que sentia em não encontrar, por lá, o trabalho que nos dias de hoje já seria difícil achar. Cícera contou a Célia que pela sua inexperiência profissional seria ainda mais complicado encontrar por lá uma colocação.

Animada pelo interesse de Célia em ouvir sua história, e confiando nela, aceitou abrir mais a intimidade de seu diário de moça. Falou da esperança que tinha no futuro, em que o seu sucesso profissional ficaria a par com a chegada de alguém muito esperado. Ele, trazido do futuro, seria, em sua certeza, ajustado ao seu ideal de moça. Ela o via vestido como aquele que imaginara em seus ensaios de poesia sem métrica. Ele chegará com o sorriso de quem ama e, por isso mesmo, aos seus olhos da imaginação, será lindo. Falaria a ela em palavras que só em um dicionário virtual de sonhos teria significado.

Célia, levada pelo pensamento, identificou em Cícera os anseios, suspiros e amores que um dia pensou para a filha Silma, que vivia hoje nas paragens do mais além. Viajou mesmo ao passado, misturando em suas imagens o futuro que sonhou para a sua querida Silma. Naquele momento, Cícera e Silma estavam unificadas no campo afetivo de Célia. Seguindo, então, impulso íntimo, a boa e generosa Célia informou a Cícera:

– Minha amiga, em um de seus temores eu penso que poderei ajudar.

Cícera nada entendeu do que ela disse e pediu:

– Solucionar alguns de meus temores? Poderia explicar-me, por favor?

– Ora, o temor que me disse ter em não conseguir emprego. Sendo um pouco otimista e confiando na assertividade de minhas escolhas, irei conversar com Ribamar. Ele, que nunca me negou nada e que confia em minha intuição, com certeza se empenhará em arrumar um trabalho para você com algum conhecido ou até mesmo em nossa empresa que tem filiais espalhadas por todo território nacional. Ribamar é também muito grato a Marina e verá, nesta possibilidade de ajudar você, uma forma de recompensar a ela pelo bem infinito que nos fez quando do desenlace de Silma.

Cícera definitivamente não acreditava no que ouvia. Era bom demais para ser verdade. "Ah, no universo, existem mesmo forças que atuam em nosso favor", pensou ela, entre entusiasmada e emocionada.

Confirmando o pensamento de Cícera, do Plano Espiritual, Pedro e os Espíritos benevolentes que estavam com ele comentaram que a prática do bem se expande de tal forma que não conseguimos mensurar o seu alcance e, certamente, o bem que fazemos hoje sem intenção de receber nada em troca, por lei natural, gera dividendos que nos aguardarão amanhã.

"Quantas maravilhas em apenas uma tarde" – pensou Cícera.

Depois de mais algumas horas de conversa, nas quais instruiu Cícera, Célia se despediu. Ela continuaria a viagem para São Paulo em outro ônibus, pois deveria fazer um trabalho em Feira de Santana, na Bahia. Ela desceria, então, na próxima cidade. Assim, deixou com Cícera o número de telefone e endereço da empresa do marido, prometendo que telefonaria, imediatamente, a Ribamar para contar as novidades e pedir que ele desse a Cícera especial atenção quando o procurasse.

Ao ver-se sozinha, Cícera se recostou na poltrona, fechou os olhos e, como já algum tempo não mais fazia, orou humildemente a Deus. Agradeceu a ajuda das pessoas que estava encontrando neste momento de sua vida. Endereçou também carinhoso pensamento de gratidão à Marina, percebendo a importância e a intensidade da generosidade e amor que, através de Célia, abriram para ela as portas de tão sonhada oportunidade de emprego em São Paulo.

Capítulo 7

Sábia decisão

Em Mossoró, logo após a partida do ônibus que tinha levado Cícera para São Paulo, mãe e tia conversavam. Ainda na rodoviária, Marina, caminhando bem junto da irmã, estendeu o braço e, carinhosamente, segurou-a pelos ombros junto de si. Ao mesmo tempo, o olhar de Marina se voltou para ela, que retribuiu, aparentando serenidade. Ela ficou curiosa com isso, pois sabia que a irmã passava naquele momento por uma grande perda, que era a da convivência física com Cícera. Ela mesma, que sabia ser muito bem amparada pela Espiritualidade Maior, quando passou pela mesma situação, chorou até os olhos ficarem como duas brasas de um rubro intenso, muito inchados. Um tanto por estar interessada em saber o porquê de Anastácia aparentar aquela fortaleza emocional, e por outro lado por sentir vontade de ajudar, como sempre fazia, Marina comentou:

– É, minha irmã, nossos filhos são mesmo, como se diz, filhos do mundo. Somos apenas, por missão divina, orientadores temporários dessas almas que, portando imortalidade, chegam à existência física em busca de progresso, assim como todos nós!

– Sim, Marina, com o que aprendi em nossas conversas, já entendo bem que você está com a razão. Não adianta deixar o desespero tomar conta de nós. Devemos entender, lá no fundo de nossa alma, que nossos filhos, mesmo quando partirem e nos deixarem com o coração apertado e a garganta fechada por um nó cego, estarão, cedo ou tarde, seguindo o seu caminho. Quanto a nós, os pais que ficam, até para diminuir um pouco a nossa dor e poder continuar o nosso viver, devemos respeitar essa escolha. – Anastácia afirmou isso, agora evidenciando que na verdade sentia grande tristeza, e demonstrou isso nos seus gestos, olhar e palavras.

Marina, enquanto caminhava com a irmã rumo ao ponto do ônibus urbano que as levaria de volta, prosseguiu com sua alegria de sempre e ainda com mais empenho, para elevar o ânimo da irmã:

– Fico feliz em saber seu pensamento. Em situações assim, quando não alimentamos revolta, respeitamos a decisão do outro e aceitamos os desígnios de Deus, estamos colaborando para felicidade de quem amamos e para a nossa paz interior. Fazendo assim, o fardo, que é sempre fardo, ficará sempre mais leve.

– Pois é, minha irmã– disse Anastácia, já mostrando conformação, mas na voz transparecendo ainda tristeza.– A complicação será acostumar-me a morar sozinha naquela casa. Tínhamos uma rotina: eu cuidava dela e ela de mim. Por isso, eu sei que será um tanto difícil acostumar-me. Agora será mesmo outra vida, outra rotina...

- Exatamente! - atalhou Marina – Mas as mudanças na vida são necessárias para o nosso progresso, e você tem o seu trabalho com a costura e poderá, se quiser, ir ao Centro Espírita comigo. Lá não faltará trabalho voluntário para preencher seu tempo. Você conhecerá muitas pessoas, fará cursos e entrará em contato com muitas realidades diferentes das que você vive, Anastácia. O trabalho no campo do bem é a nossa maior alegria e é o verdadeiro antídoto contra a depressão e a angústia. Essa dupla perversa, muitas vezes, nos pega porque nos permitimos ficar ociosos. Sem ter ocupação, o nosso pensamento fica vasculhando e remoendo fatos e situações desagradáveis de nossa vida.

Descobrindo que sua irmã era uma fonte notável de conhecimento, e em profundidade que desconhecia, Anastácia se pôs a refletir: "De fato, nunca estamos desamparados pela Divina Providência. Se Cícera não estava mais em sua casa, ela tinha ao seu lado Marina, a irmã sempre amiga que jamais lhe faltara".

No mesmo instante que assim pensava, foi tomada de indescritível emoção e, então, narrou à Marina:

- Querida irmã, eu disse a você que iria ao Centro Espírita. Irei mesmo e começarei, ainda esta semana, a participar das reuniões públicas, ouvir palestras e participar dos passes.

– Excelente, Anastácia. Hoje à noite teremos a reunião pública em que um expositor irá abordar interessante tema evangélico.

Anastácia se interessou e perguntou:

– Qual o tema da noite?

Marina lhe respondeu com grande entusiasmo:

– "Bem aventurados os aflitos". É o capítulo V de *O Evangelho Segundo o Espiritismo*, minha irmã. Neste tópico temos elementos suficientes para compreender as razões atuais e anteriores das aflições humanas, assim como a justiça e os porquês dessas aflições, mostrando, também, a necessidade de termos resignação.

– Ora, Marina – disse Anastácia sempre questionadora –, isso que não consigo entender. Se ficarmos resignados diante de determinada situação estaremos sendo acomodados, certo?

Marina, sentindo clarificar mais ainda o próprio pensamento, deu a suas palavras maior fluidez verbal e, em momento mais inspirado, disse:

– Depende do que você entende por resignação, Anastácia. Resignar-se não quer dizer ficar entregue às circunstâncias, sendo apático e até omisso diante do que pode e deve ser modificado – respondeu-lhe Marina. – Resignar-se significa aceitar de bom grado o imperativo da lei natural, que nos traz, muitas vezes por provação, o que denominamos fatalidade. Essa lei que rege os fenômenos da natureza é um código da criação, que foi gestado segundo uma lógica de consistência somente perceptível por seres que já alcançaram níveis muito elevados de evolução moral e intelectual. Nessas condições, para nós, aprendizes ainda primários da vida imortal, só resta aceitarmos a vontade de Deus.

– Minha irmã– interrompeu Anastácia –, apesar da beleza e coerência de seus argumentos, este parece ser o velho discurso dos teólogos medievais conduzindo-nos a obediência à autoridade divina que diziam serem investidas as autoridades eclesiásticas e as do poder público.

– Pelo contrário, Anastácia! O que estou propondo, ou melhor, o que a Doutrina Espírita propõe é entender que o nosso aprendizado, advindo dos enfrentamentos das dificuldades, é necessário. Enfrentar as dificuldades é, para nós, sempre oportunidade de desenvolver musculatura moral e intelectual para que nós mesmos possamos, cada vez mais, resolver os problemas de amplitudes maiores.

– Nossa – disse Anastácia –, essa notícia que está dando agora sobre o Espiritismo não me agrada!

– Como assim? – perguntou, com tranquilidade, Marina, evidenciando ter a paciência que só vemos nos grandes mestres.

– É isso mesmo o que entendi?– perguntou Anastácia.

– Quanto maiores os problemas que enfrentamos nesta vida, maiores serão os problemas seguintes que o nosso Criador, "Pai de Bondade", permitirá que chegue até nós através de seus mecanismos evolutivos?

– É isso mesmo – falou Marina.

– Ah! Então, só não vejo onde está a bondade infinita do Pai, vendo e até permitindo que seus filhos passem por provações desumanas como, por exemplo, o desenlace de um filho ainda jovem.

– Minha querida irmã – disse paciente e amorosamente Marina–, por isso falei agora a pouco e repito: a lógica dos desígnios de Deus é lógica de consistência somente perceptível por seres que já alcançaram níveis muito elevados de evolução moral e intelectual. Pode uma criança de três anos, assim de primeira mão, entender os motivos que levam um pai a conduzi-la a um pronto-socorro, onde um profissional de medicina irá costurar o seu joelho doloridíssimo após uma queda da bicicleta? Na cabeça dela, naquele momento, se o pai a amasse de verdade a levaria a uma sorveteria para alegrá-la após o trauma da queda. No entanto, esta menina olhou para o pai que devolveu a ela o olhar com carinho. Por essa manifestação de afeto dele e pelo histórico de bondade e amparo que sempre recebeu do pai, mesmo sem entender o porquê da sutura, confiou nele e ficou tranquila, permitindo que o médico manejasse a agulha e linha com segurança. Depois disso, foram para a sorveteria.

Internalizando parcialmente o entendimento da história contada pela irmã, Anastácia percebeu aflorar em si emoções profundas, convertidas em palavras e lágrimas, entendendo a realidade da partida de Cícera.

Em pranto, falou à irmã fazendo identificação da partida de Cícera com a perda da convivência física que passam as mães no desenlace de um filho jovem.

– Ah, minha irmã! Sinto que perdi a Cícera – e não disse mais nada; só o choro convulso falou por ela.

Marina nada disse também. Só acariciava as costas de Anastácia que, abraçada a ela, não se importava em estarem em lugar público. Também os que passavam na rua, ao longe, nem percebiam aquela manifestação humana de dor e afeto.

A espiritualidade protetora, neste momento, próxima a elas e coordenada pelo protetor Pedro, aplicavam passes direcionando energias suas e também as provindas de Marina para Anastácia. Todo esse fluido benéfico atuava nela e a tranquilizara, infundindo verdadeiramente uma paz que ela identificava como celestial.

Pedro colocou a mão direita sobre a fronte de Marina que, mais inspirada ainda, disse:

– A resignação ante os fatos irreversíveis, pela atuação de nossa vontade, não é uma opção por fuga ou negação da realidade, ela apenas nos mostra que a revolta diante do que não pode ser mudado não nos ajuda em nada.

– Seja mais clara, por favor – pediu Anastácia, demonstrando na voz que já estava saindo daquele estado de tristeza.

– Vou buscar um exemplo que ocorreu com nós duas. Veja, ficamos viúvas ainda muito novas, certo?

– Isso mesmo – disse Anastácia –, lembrando-se da difícil situação que ambas passaram quando seus esposos partiram deste mundo físico. – Padecemos um bocado, mas com muita luta conseguimos superar todas as dificuldades – acrescentou ela.

– Pois sim, fomos duas pessoas resignadas diante do que nos ocorreu – disse Marina –não nos revoltamos contra Deus quando nossos maridos foram embora. Nós nos resignamos ante a vontade de nosso Pai Celestial e fizemos a nossa parte, ou seja, nos empenhamos com muito carinho em nossos trabalhos. Recebemos muita ajuda do Mais Alto, trabalhamos e fizemos sucesso em nossa atividade profissional. Assim, resumindo, retomamos nosso rumo e seguimos com dignidade nessa vida, não é minha irmã?

Agora é que Anastácia realmente compreendeu por completo a história da menina que cortou o joelho ao cair da bicicleta. Agora ela realmente entendia a bondade infinita de Deus, que é mesmo Pai de Amor e Bondade. Anastácia compreendeu, também, o que lhe dizia Marina sobre a resignação.

Marina, por sua vez, calou-se por um tempo para

que a irmã pudesse refletir mais ainda sobre o que ela tinha agora aprendido e, assim, solidificar este ensinamento. Outra vez ela demonstrou o conhecimento em saber ensinar que só os bons mestres apresentam. Nas palestras que dava no Centro Espírita, ela fazia questão de discorrer e trabalhar as pausas de sua fala, a fim de que as pessoas pudessem refletir e assimilar aqueles conceitos.

Dissolvendo aquele silêncio "pedagógico", observou a aproximação do veículo que as levaria de volta para casa, e Marina disse:

– Veja, nosso ônibus chegou.

As irmãs embarcaram em silêncio, cada uma ainda digerindo mentalmente aqueles momentos de grande aprendizagem para ambas. Marina também aprendeu com as próprias palavras que disse a irmã, porque naquele momento as suas próprias ideias foram enriquecidas com contribuições do Mais Alto, vindas pela via intuitiva.

Anastácia se admirava cada vez mais com a excelência da mensagem espírita. Pensava consigo mesma: "Como pude ignorar por tanto tempo o Espiritismo". Ficou intrigada com seu próprio raciocínio: "Ora, se sempre admirei minha irmã pelo bom senso, como não consegui vincular as maravilhas que ela me dizia à Doutrina Espírita?" No entanto, também compreendeu que não adiantava ficar lastimando-se pelo tempo perdido, porquanto o melhor a fazer seria utilizar suas energias no estudo dessa doutrina fantástica, tão eficiente para ampliar horizontes, jogando novas luzes que trazem melhor compreensão às verdades eternas do Evangelho do Divino Mestre. Estava decidida, naquela mesma noite iria comparecer à reunião pública para escutar mais sobre o instigante tema: "Bem aventurados os aflitos".

Acordou de seus pensamentos com a irmã carinhosamente tocando em seu ombro, avisando que chegaram ao destino. Ao descerem do ônibus, já no bairro onde moravam, Marina informou:

– Estarei em casa trabalhando o dia todo. Se precisar de alguma coisa, sabe que pode me chamar.

Anastácia, então, avisou a irmã:

– Hoje irei ao Centro Espírita com você, Marina. Estou ansiosa para conhecer esta Doutrina que tanto bem fez a você.

Quando Anastácia comunicou essa notícia, não imaginava a alegria que deu para Marina. Ela ficou profundamente feliz com a proposta da irmã de ir à Casa Espírita, porém, temendo de certa forma mostrar a sua imensa expectativa com relação a ser esta uma data importantíssima na vida dela, calou-se. No entanto, silenciosamente, endereçou um pensamento de profunda gratidão aos Espíritos Protetores, por esta oportunidade que surgia para Anastácia em dar este novo rumo a sua vida. Enfim, teria a companhia da irmã nas lides doutrinárias, como algo que intimamente tinha quase a certeza que aconteceria, mas que não sabia quando. Com alegria, e até escondendo um pouco a emoção, disse:

– Fico muito feliz, minha irmã! Com certeza este será mesmo um novo momento em sua vida!

Surpresas e muitas alegrias aguardavam Anastácia nessa nova escolha que fizera em bater à porta desta Casa Espírita que como dissera Marina, estava à beira do seu caminho.

As duas, então, abraçaram-se e combinaram de ir juntas para uma palestra pública no Centro Espírita, às 19 horas. Iriam a pé e, como sempre, conversando, já que o local não era distante da casa de ambas.

Capítulo 8

Finalmente em São Paulo

As intensas emoções de Cícera na partida ainda perduraram ao longo da viagem. De certa forma, esse forte sentimento levou para um segundo plano a grande expectativa que a jovem tinha de sua chegada à cidade de São Paulo. Dormiu pouco na demorada viagem e já quase chegando pegou no sono. Passados alguns minutos, Cícera começou despertar com o barulho dos carros e acordou mesmo só quando um deles buzinou.

Sexta-feira, início de noite nas grandes cidades é dia de trânsito ainda maior, pensou ela, mesmo sem nunca ter estado ali para conhecer o dia a dia paulistano. Não obstante o cansaço e percebendo não sentir a emoção que imaginara que teria na chegada, estava, no entanto, feliz. Abriu a bolsa para verificar se o contato de Ribamar estava lá. Alívio, realmente não fora um sonho ter se encontrado com aquela mulher da editora, amiga de sua tia. Ela havia realmente lhe dado o telefone do marido e prometido que ele a ajudaria conseguir emprego. Já completamente desperta, olhou com mais entusiasmo pela janela do ônibus e percebeu a realidade de que finalmente chegara a São Paulo.

Empolgou-se com a paisagem que, no horizonte, mostrava uma parede maciça de edifícios como nunca antes tinha visto. A quantidade de veículos e gente nas ruas próximas a rodovia parecia que aumentava mais e mais à medida que o ônibus avançava. Quando o veículo tomou a via expressa Marginal Tietê, Cícera ficou admirada com a quantidade enorme de veículos que tornava famosa essa via de trânsito rápido. No momento, ao contrário do nome, era grande a lentidão dos deslocamentos, principalmente na pista da outra margem do lendário rio.

Ela se lembrou dos Bandeirantes e das suas lições de história quando se referiam a esta região como sendo ponto de partida deles. Eles saiam para o sertão a partir das margens deste mesmo rio Tietê, aqui no Planalto de Piratininga. O ônibus, em certo momento, desviou-se da via Marginal e entrou por ruas paralelas procurando melhor trânsito. Cícera olhou pela janela e observou muitas pessoas caminhando apressadas. Esta cena foi confrontada com as imagens de memória criadas nas inúmeras horas que imaginava São Paulo. Nunca pensou ser assim. Lá, com seus botões, libertou a sua veia filosófica e conversou: cada uma dessas pessoas, lembrou, são como as formigas que via em Mossoró, levando folhas verdes, uma atrás da outra. Aqui, eles levam na mente os pedaços verdes de suas esperanças e criam a realidade mais parecida com o que sonham. Em situações reais no trabalho, fazem projetos que apresentam a patrões e chefes. Muitas destas ideias são demolidas por eles.

No entanto, pensou ela, demonstrando maturidade, com a alegria da esperança, reprogramam o seu ideal de futuro, prescindindo da reduzida perspectiva visual do porvir daqueles que detém o mando. Todos buscam conquistas de espaços de existência. Quando tolhidos, administram a frustração demarcando um território virtual íntimo como um subespaço da cidade. Neste mundo onírico é que são fecundados os sonhos que nascerão para a realidade em outro dia e lugar. Da contenção da criatividade represada nos entulhos das imperfeições humanas é que a torrente criativa surgirá mais forte nascendo para o mundo das realizações. Eu também vou conquistar o meu espaço, pensou a menina, e construir nele uma vivenda pequena, onde caberá toda a minha liberdade, e será o abrigo na minha volta do trabalho do dia a dia que imagino ter.

Com esses pensamentos, a indiferença inicial de quando acordou, cedeu agora lugar à confiança. Lembrou-se com detalhes da carta de Nazaré, narrando o quanto ela amava a capital paulista. Percebeu, em si mesma, neste momento, uma sensação muito agradável de que fizera a coisa certa ao se mudar para cá. Neste momento, a esperança ganhou corpo e virou coragem. Quanto mais o ônibus se aproximava do terminal rodoviário do Tietê mais certeza Cícera tinha de que seria bem-sucedida nesta terra. Iria mesmo, com todas as forças do mundo, estudar e trabalhar. Teria como meta procurar fazer sempre o melhor em toda ação sua e assim, com certeza, por consequência, encontraria a alegria de sentir-se realizada. Todos buscam a felicidade, raciocinava Cícera, e com ela não seria diferente, lutaria muito porque queria também fazer feliz à mãe que, mesmo sem o marido, tivera por ela tanto amor, carinho e muito trabalho para a sua educação. A curiosa garota do nordeste, tão adulta em seus pensamentos, percebia agora a distância enorme que estava da mãe e da tia. Ah, pensou ela com a vista já desfocada de lágrima, como as amava...

Ela sentia mesmo um profundo amor pela mãe e não compreendia como algumas pessoas desprezam os pais e família, não percebendo serem estes, mesmo com imensas dificuldades de relacionamento, a oportunidade maior de desenvolver sentimentos superiores de afetividade. Ela sempre valorizara seus pais e, em suas orações, ainda que não muito frequentes, agradecia cada minuto vivenciado ao lado deles. Cícera, embora tenha convivido pouco com o pai, dava muito valor à família, e em seus planos incluía mesmo ter marido e filhos, que viveriam com ela em São Paulo, para onde traria a mãe. Queria ser uma mulher de fibra como percebia ser a sua mãe e, ao mesmo tempo, ser também uma pessoa de grande valor como a tia. Mas, antes, precisava, como diziam, "vencer na vida". Estudar, trabalhar para poder oferecer um pouco mais de conforto à mãe.

Embalada em pensamentos, percebeu a realidade do momento quando o ônibus estacionou no terminal rodoviário. Levantou-se de sua poltrona, tomou a sua bagagem de mão e desceu as escadas do coletivo, acenando em agradecimento ao motorista pela boa viagem que fizera. Ao descer, de repente viu entre os semblantes das pessoas na plataforma o sorriso da prima Nazaré. Com felicidade intensa, estendeu os braços e a prima retribuiu o gesto. Na simplicidade dessa demonstração afetiva, sentiram imenso e real prazer em abraçar-se e, assim, cumprir esse cerimonial de amizade. Como amigas que verdadeiramente eram, além de literalmente serem primas-irmãs, emocionaram-se. Não se viam há muito tempo e compreenderam, naquele instante do olhar, que não poderiam dizer nada mesmo em palavras, e assim só choraram em demorado abraço. Comunicavam-se na linguagem da emoção e, por isso, não foi mesmo necessário articular frases. Aquele era um momento de apenas sentir; apenas o olhar em silêncio era a língua que falavam no reencontro. Nazaré e Cícera sempre foram muito amigas. A pequena diferença de idade ajudou para que ambas crescessem juntas brincando pelas ruas de Mossoró. Fisicamente parecidas por conta do parentesco, tinham, desde pequenas, o ideal comum de vencer na cidade grande. Nazaré era morena de cabelos alegres e encaracolados, olhos rápidos de cor de mel, que fugiam sempre de outros olhares. No entanto, quando paravam mirando outros olhos, mostrava, em sua superfície, a serenidade, enquanto escondia, em sua profundidade, o conteúdo vivencial de uma alma antiga, rica em afeto e amores.

Nazaré, mesmo sendo mais nova que a prima, partira antes de Mossoró, porquanto sempre contara com o apoio irrestrito de Marina, sua mãe. Cícera, como sabemos, ficara um pouco mais no Rio Grande do Norte, mas, enfim, fizera a sua ocasião e lá estava ela em São Paulo. Assumia os desafios da vida, cumprindo o compromisso que consta nos seus registros psíquicos pré-encarnatórios que escolhera com a ajuda de seus mentores, quando ainda na esfera espiritual.

Foi, então, que Nazaré quebrou o silêncio do instante e, ainda emocionada, disse à prima:

– Hoje é mesmo um dia muito feliz em minha vida. Ver você aqui em São Paulo é uma grande alegria, minha querida. Como foi de viagem?

– Ah, minha prima, nem me diga, eu também estou muito feliz por estar contigo. Apenas estou um pouco preocupada com minha mãe. Como será que ela ficou lá em Mossoró? Você sabe, somos muito unidas – disse Cícera.

Nazaré percebeu que a prosa escorregaria para a lamentação e tratou de estabelecer outra sintonia para a conversa, colocando ponto final ao assunto:

– Não se preocupe Cícera, a tia ficará bem, além do que ela tem a minha mãe, que irá dar-lhe o amparo necessário. E aí como foi a viagem?

– Foi ótima, prima. Tenho tanta coisa para contar,

e tenho uma novidade das mais interessantes. Antes, no entanto, gostaria de passar em algum lugar para comer e tomar um suco, pois durante a viagem me alimentei pouco.

Nazaré pegou nas mãos da prima e rumaram para a lanchonete mais próxima, ali mesmo no terminal rodoviário.

Lancharam rapidamente e caminharam, puxando a mala, cujas rodas suportavam ainda o peso de um pequeno pacote que Marina enviou para Nazaré. Cruzaram quase que toda a extensão do terminal rodoviário indo até a Estação Tietê, do metrô, em edificação anexa. O apartamento de Nazaré se localizava na zona leste da capital paulista e, por isso, deveriam ir da Estação Tiete até a Estação Sé. Nesse local, deveriam deixar o metrô da linha Norte-Sul e tomar o da linha Leste-Oeste. Cícera,enquanto caminhava, observava as pessoas e absorvia as primeiras impressões da metrópole, que era agora a sua cidade. Enquanto aguardavam o trem, Nazaré pediu à Cícera para contar-lhe a novidade, afinal estava curiosa. Cícera, atendendo ao pedido dela, iniciou sua fala:

– Na viagem, mais ou menos uma hora depois que o ônibus deixou Mossoró, encontrei uma senhora que trabalhava em uma editora de livros espíritas, e ela veio sentar-se bem ao meu lado.

Nazaré movimentou a cabeça, concordando, e Cícera continuou:

– Ela se sentou e começamos a conversar. A mulher, que se chama Célia Moraes, contou-me toda sua história, e quando soube que minha tia era a Marina do Centro Espírita Seara de Luz ficou emocionada e me prometeu que se empenharia, junto ao marido dela, para arranjar-me emprego aqui na cidade. Acredita nisso?

– Sim – afirmou Nazaré –, acredito minha prima, pois conheço a história de Célia e seu esposo Ribamar. Lembro-me que sofreram demais por conta do desencarne de sua filha, a pequena Silma. Eu me lembro até quando eles procuraram, lá em casa, por minha mãe; desejavam falar com ela. Eles sofriam tanto com a partida, para o mais além, de sua querida filha que minha mãe achou melhor conversar com eles em casa mesmo, pois o atendimento dela no auxílio fraterno do Centro Espírita só seria dali a três dias.

– Estou admirada mesmo, Nazaré! Quanta coincidência!

– Você acha mesmo que isso é coincidência, Cícera? Talvez não seja. Deus usa seus recursos colocando em nosso caminho pessoas amigas, certas para momentos como este. Aliás, como bem sabemos o acaso cego não existe. Mas você está com o endereço do marido dela para contato sobre o emprego, aí com você?

– Ah, sim, está muito bem guardado – informou Cícera.

– Pois eu digo a você, prima, que se eu acreditasse em sorte e azar diria que você é mesmo uma mulher de sorte.

Cícera, admirada com aquela afirmação, perguntou:

– Você não acredita em sorte ou azar, prima? Ora, vemos isso todos os dias, pessoas que são agraciadas com prêmios e outras que nada recebem da vida.

– Não acredito mesmo nisso, Cícera. Sorte e azar, no sentido comum do termo, quando se refere a acontecimentos de importância bons ou ruins em nossas vidas, não condizem com a bondade divina. Deus, Pai de infinito amor, jamais privilegiaria um de seus filhos com a sorte e prejudicaria outros com o azar. Somos sempre os artífices de nosso destino.

Cícera nunca ouvira nada parecido, interessada na conversa, questionou a prima:

– Ora, em que você acredita então?

Nazaré, com voz serena, respondeu:

– Acredito na força do trabalho, na busca pelos ideais, mas não em sorte. Acredito na postura correta e íntegra da pessoa, pois essa postura cria uma atmosfera favorável em torno de quem age no bem e possibilita, então, o apoio da espiritualidade. Muita gente chama isso de sorte, mas não é. É apenas o funcionamento da lei de causa e efeito, tão bem explicada no famoso *Colhemos o que plantamos*. É importante considerar que tudo que nos acontece é de nossa responsabilidade, prima, e não culpa do azar ou mérito da sorte.

Cícera, atenta ao que dizia Nazaré, pôs-se a refletir em suas palavras. Lembrou-se naturalmente da tia. Sim, Nazaré aprendera certamente aqueles conceitos com a mãe que, por sua vez, aprendera com a Doutrina Espírita. Considerou coerente a explicação de Nazaré para o "fenômeno sorte e azar", mas não quis fugir muito do assunto, por isso tratou de retomar o fio da meada:

– Diga-me, prima, por que você disse que se acreditasse em sorte diria que eu era sortuda?

– Porque Célia e Ribamar – respondeu-lhe Nazaré – são pessoas de bem e, além disso, tem negócios aqui na capital que empregam muitas pessoas. Eles irão mesmo te ajudar. Conheço a história deles e sei que arrumarão uma colocação para você. Minha mãe me disse que eles estão beneficiando muita gente. Aliás, esse trabalho de divulgação de livros espíritas é uma maneira indireta e muito eficaz de praticar a caridade. Além do mais, ela até salvou a vida de uma pessoa!

Cícera se admirou:

– Salvou vidas, como?

– Sim, lembro-me que, pouco tempo depois que Célia iniciou seu trabalho de divulgação em peregrinação pelas estradas, encontrou, em uma das viagens, um jovem muito triste e desanimado. Ela, guiada por mentores espirituais, pela intuição percebeu que aquela pessoa tentaria o suicídio. Aceitando a sugestão mental que veio do Mais Alto e pensando que fosse ideia dela, sentou-se ao lado dele, foi conversando e acabou por conquistar-lhe a confiança. O jovem, então, também intuído por seu protetor espiritual, abriu o seu íntimo e desabafou, expondo mágoas e frustrações. Após aquela conversa, literalmente providencial, deu a ele de presente o livro *Memórias de um suicida,* da médium Ivone do Amaral Pereira.

– E?

– E, então, Cícera, aquilo fez o jovem refletir no absurdo de sua ideia autodestrutiva. Percebeu ele, naquele momento, o tamanho da bobagem que cometeria atentando contra a própria vida.

Curiosa, Cícera questionou:

– E como ficaram sabendo disso?

– Ah, foi um caso interessante. Faz alguns anos, o próprio jovem que iria tentar o suicídio contou com muita emoção toda a sua história para minha mãe. Disse que tinha planos de publicar esse seu momento de vida para servir de exemplo às pessoas. Hoje, esse jovem trabalha na empresa de Ribamar e é também um grande amigo dele.

– Nossa, Nazaré, realmente a proteção espiritual funciona – espantou-se Cícera.

– Sim, prima. Observe que o bem tem mesmo força e predomina sobre o mal. Caso o mal avance, em determinadas condições, é muito menos por seu poder de ação e muito mais por carências de virtudes dos que aderiram à empreitada quando se propuseram fazer o bem. Quando escolhemos praticar ações benfazejas, forças poderosas do Mais Alto multiplicam o nosso esforço empenhado e, muitas vezes, produzem benefícios que podemos até chamar de prodigiosos.

– Então, recebi essa ajuda da espiritualidade quando a Célia se sentou ao meu lado no ônibus? – perguntou Cícera.

– Isso mesmo – concordou Nazaré. – Sua chegada em São Paulo não poderia ter sido melhor. Penso que, com essa sua conversa no ônibus, pode até mesmo considerar como certo que consiga o seu emprego com o Ribamar, veja só...

Cícera sorriu, demonstrando empolgação com as palavras da prima. Ela admirava mesmo Nazaré e, por isso, prosseguiu com mais perguntas:

– Nazaré, fale agora de você. Como está a vida aqui?

– Pois sim, Cícera, como você sabe fui admitida em um consultório médico como recepcionista já há algum tempo. Os proprietários da clínica para quem trabalho são formidáveis e me ajudam muito. Estou, inclusive, estudando em uma faculdade de Administração de Empresas, assim como você cursou na Ferreira Itajubá.

– Você não me disse que estava estudando – falou Cícera, misturando surpresa com alegria por aquela boa notícia.

Nazaré, bem-humorada, respondeu-lhe:

– Era surpresa, prima. Comecei neste semestre e estou ainda no primeiro termo.

Nazaré ficou feliz pela prima, pois sabia como era importante para ela os estudos. Curiosa por saber mais novidades, novamente questionou:

– Namorando?

Nazaré, meio sem jeito, disse:

– Ainda não, Cícera. Meu coração ainda não bateu mais forte por ninguém por aqui. Só um olhar mais demorado, um papo mais reservado... Quem sabe um dia, quem sabe...

Cícera apenas sorriu e percebeu que a prima não queria falar sobre aquele assunto.

Comentando da facilidade de locomoção do metrô, não deixou de ficar assustada com a multidão que encontrou quando na Praça da Sé trocaram a linha Norte-Sul pela Leste-Oeste. Enfim, chegaram onde Nazaré morava. Apartamento um tanto quanto antigo, mas arejado e com dois quartos, sala, cozinha e banheiro; tudo arrumado e organizado. Ela dizia que para quem escolhesse a profissão de administrar empresas, a organização e limpeza são virtudes imprescindíveis. Notou que em cada quarto existia uma cama e que estavam muito bem arrumadas. Nazaré apontou um dos quartos, dizendo que aquele seria o dela, o qual tinha também um guarda-roupa a sua disposição.

Cícera estava surpresa com a boa qualidade de vida de Nazaré. Em sua imaginação, quando lá em Mossoró, criara uma expectativa pior do que encontraria, para não ficar decepcionada. Ali havia televisão, telefone e até um computador conectado a *internet*. Ficou feliz de verdade. Nazaré estava mesmo vencendo na vida. Com seus esforços conquistara até mais que o básico em termos materiais, estudava, trabalhava e, de quebra, auxiliava a mãe com remessas eventuais de dinheiro. Aquilo a deixou ainda mais animada. Com o apoio da prima conseguiria também chegar aonde ela chegou. Sabia que a sua permanência naquele apartamento seria temporária, somente até ter um emprego que lhe garantisse condições de pagar o aluguel.

Olhando para a cama, percebeu que estava mesmo cansada pela viagem longa e pelas emoções. Tomou um banho, e logo se despediu da prima com um abraço que expressava gratidão e verdadeira amizade, desejando boa noite. Já recolhida, elevou o pensamento em agradecimento a Deus pelo bem que sentia ter recebido. Antes de o sono chegar, tomou a decisão de que no outro dia não perderia tempo e entraria em contato com Ribamar. Sentia que não poderia correr o risco de perder aquela oportunidade de trabalho na cidade de São Paulo. Assim adormeceu...

Capítulo 9

Conhecendo o Centro Espírita

Anastácia estava ansiosa naquela tarde. A impressão que tinha era que o relógio estava mais lento. O tempo teimava mesmo em não passar.

Iria, pela primeira vez, ao Centro Espírita, e estava ansiosa por receber lá o apoio de forças poderosas do mais além. Por outro lado, sentia-se insegura por não ser esta a religião de seus antepassados. Sua curiosidade pintava uma tela mental de como poderia ser o Centro Espírita Seara de Luz. O que teria no salão do Centro? Como as pessoas a receberiam? Será que o ambiente seria fúnebre, por ser esta uma religião que se propunha em contatar os mortos? E a palestra que Marina mencionara com tanta empolgação? Interessante o tema "Bem aventurados os aflitos". Será que iria gostar de ir lá como estava gostando de receber as lições da doutrina com a sua irmã?

Os questionamentos ressoaram em sua mente, aumentando a expectativa. Muitas vezes ela havia passado em frente ao Centro Espírita, acompanhando a irmã em suas caminhadas; todavia, nunca sentiu vontade de entrar. Não sabia bem ao certo a razão. Não que fosse preconceituosa a esse ponto, mas o interesse nunca surgira. Admirou-se com sua motivação para a palestra, pois há muito não sentia essa determinação. Nem imaginava que seus protetores espirituais já agiam com sugestões a ela por via intuitiva, sugerindo que fosse lá. Então, neste momento de vida, exercitando o livre-arbítrio aceitava a proposta. Lembrou-se das palavras da irmã que, costumeiramente, dizia ser a oração uma ponte segura que liga verdadeiramente a Terra ao Céu. Neste momento, sentiu-se muito emocionada e com vontade de orar, agradecendo a Deus por perceber a presença de forças do bem vindo do Mais Alto sobre ela. E assim fez.

Após fazer uma prece com fervor e sentimento, ela ficou admirada com a indefinível paz que sentiu e, então, percebeu que algo de muito importante se operava em sua vida. Sentia que existia uma determinação prévia para este seu encontro com as forças poderosas do invisível. Anastácia, em um momento de expansão de consciência, contatou registros profundos e desconhecidos de sua memória, assim, pressentiu que o importante momento programado para ela receber o conhecimento espírita chegara. A partir dessa constatação, percebeu, nas profundezas de seu ser, que vivenciaria novas experiências. Veio também ao seu pensamento que teria perante a vida novas responsabilidades. Refletiu que ter esses conhecimentos implica, necessariamente, ter, ao mesmo tempo, responsabilidades.

Olhou para o relógio e viu que tinha que apressar-se. Aquelas reflexões haviam absorvido considerável parte do tempo, entretanto, estava feliz, muito feliz. Foi arrumar-se para aguardar a chegada da irmã.

Pontualmente, às 19 horas, ouviu Marina chegando ao portão. Saiu e foi ao seu encontro. Marina, notando a ansiedade de Anastácia, perguntou-lhe com bom humor:

– E, então, pronta para debutar no Centro Espírita?

Anastácia sorriu e respondeu:

– Estou ansiosa, mas lá no fundo parece que me ver em um Centro Espírita é algo que eu já sabia que iria acontecer. Sinto que hoje é um daqueles dias em que encerramos um ciclo de nossa vida e iniciamos outro. Algo está mudando, ou melhor, já mudou, Marina. Ao contrário de outras vezes que você me convidou, hoje estou mesmo animada para conhecer a Casa Espírita.

Anastácia, entusiasmada, continuou:

– Hoje, quando notei que, embora sentindo falta de Cícera, mesmo assim estava em paz, resolvi fazer uma prece de agradecimento a Deus.

Anastácia, naquela noite, estava mais falante que de costume, por isso, Marina deixou a irmã colocar em palavras os seus pensamentos, e se calou durante o pequeno trajeto ao Centro Espírita.

Marina escutava a irmã com toda a atenção. Aliás, ao longo da experiência adquirida com o atendimento fraterno no Centro Espírita Seara de Luz, aprendera a ser boa ouvinte. Foram mais de dez anos no trabalho de ouvir aqueles que chegavam, naquela Casa Espírita, assediados por Espíritos perturbados e perturbadores. Presenciara muitos dramas humanos, e encaminhara os nomes dessas pessoas para reuniões mediúnicas, onde as entidades desequilibradas eram orientadas a seguir o seu caminho, seguindo os preceitos do Evangelho de Jesus. Aqueles que buscavam o auxílio fraterno, por sua vez, eram orientados para boas leituras e tratamentos de passes. Por isso, fazendo o atendimento fraterno é que Marina adquiriu grande bagagem de conhecimento e desenvolveu a capacidade de perceber quando se deve falar e quando se deve somente ouvir. Com muito treino e perseverança, conquistara a capacidade de silenciar seus ruídos interiores para dedicar atenção ao que o outro dizia. Marina tinha ciência de que aquela fora uma capacidade conquistada e desenvolvida ao longo de seu trabalho, no qual buscava sempre refletir sobre suas próprias falhas e acertos, visando reformar os valores íntimos que balizavam a sua vida. Lembrava que falava muito e ouvia pouco quando era adolescente e, por isso, não fora boa ouvinte.

Finalmente chegaram ao Centro. Anastácia, então, parou de falar por alguns momentos enquanto olhava com atenção para a fachada do prédio. Marina aproveitou aquele instante e disse à irmã:

– Entre, vou mostrar a você todas as dependências de

nossa Casa. Temos algum tempo de folga, pois a palestra começará apenas às 20 horas. A propósito, além de apresentar o Centro, apresentarei também a você pessoas que lhe trarão grandes conhecimentos e alegrias.

– Como assim? –admirou-se Anastácia.

– Hoje, minha irmã, apresentarei a você os companheiros do Centro Espírita Seara de Luz, que agora são meus melhores amigos. Essas pessoas foram para mim, e com certeza serão para você também, dádivas de Deus. Foram eles que me ajudaram a caminhar com mais serenidade nos meus momentos difíceis, Anastácia. Aprendi muito nesta bendita "casa a beira do caminho", como disse a você que é denominado este Centro Espírita, por seus mentores espirituais. Eu e você, por exemplo, muito mais do que irmãs consanguíneas, somos, segundo me foi revelado, almas afins, que caminhamos juntas em muitas encarnações simultâneas desde muitos séculos.

Sentindo que a irmã acompanhava com atenção o que explicava, olhou nos olhos dela e percebeu que ela confirmava só pelo olhar o que dizia. Marina e Anastácia, lado a lado, abraçaram-se e, juntas, cumprindo um caminho há muito traçado, seguiram para dentro do Centro Espírita Seara de Luz.

Cruzando a soleira da Casa, Anastácia entrou em um corredor largo e, logo perto da entrada, conheceu a sala onde era ensinada a evangelização infantil. Viu os livros e os brinquedos que a didática exigia para o ensino da Boa Nova para a criançada. Chamou-lhe a atenção a organização de tudo, as mesas limpas e o material muito bem arrumado. Enquanto Anastácia observava a tudo com grande atenção, Marina discorria sobre a atividade ali desenvolvida:

– Aqui funciona a evangelização infantil. São mais de 80 crianças que aqui permanecem sob a orientação de um voluntário capacitado para isso, enquanto os pais assistem à palestra ou participam de cursos, reunião de estudo ou mediúnica. Temos atividades para as crianças todos os dias. Aos sábados, esta sala é ocupada pelo grupo de jovens que aqui desenvolvem atividades de estudo.

Anastácia não imaginava que no Centro Espírita houvesse atividades para crianças e, muito menos, que existissem nele salas como aquelas com decoração colorida e alegre. Novamente se admirou. Marina, querendo aproveitar todo o tempo possível para inteirar a irmã das atividades, pediu a ela:

– Venha, Anastácia, quero mostrar-lhe a cozinha.

Levou a irmã para os fundos da instituição local onde funcionava a cozinha. Marina prosseguiu com suas explicações:

– Aqui fornecemos todos os dias cem refeições para adultos e crianças.

Anastácia indagou surpresa:

– Cem refeições?

– Sim, Anastácia, cem refeições. E não para por aí, pois, além das refeições, ofertamos às pessoas diversos cursos para que se capacitem e tenham uma fonte de renda e não necessitem, portanto, viver da caridade, podendo, de certa forma, caminhar com as próprias pernas.

– Quais os cursos que vocês oferecem aqui? – questionou Anastácia.

– São diversos. Temos cursos de eletricista, pintor, bordado, informática; além de atividades culturais e artísticas com música, dança e pintura; e um programa especial de reforço escolar. Aqui também são dadas ajuda e orientações para mães adolescestes e em situação de vulnerabilidade social.

– Nossa! Que estrutura, minha irmã – surpreendeu-se Anastácia, para em seguida perguntar: – Vocês têm muitos voluntários?

– Temos diversos voluntários, Anastácia. São mais de 150 pessoas que dedicam parte de suas vidas ao objetivo de servir ao próximo, buscando, dentro de suas possibilidades, seguir a orientação de Allan Kardec: "Fora da caridade não há salvação". Aliás, se assim não fosse não conseguiríamos manter o funcionamento da entidade nos sete dias da semana, manhã, tarde e noite.

Caminhando mais um pouco, foi que Marina avistou os demais amigos. Abraçando um a um, disse-lhes:

– Meus caros, hoje é, para mim, um dia de muita alegria, pois recebemos a visita de minha querida irmã Anastácia– e, em seguida, Marina foi apresentando alguns dos muitos companheiros do Centro Espírita Seara de Luz:
– Anastácia, estes são Carlos, Adolfo, Emanuel, Motta, Patrícia, Mirele, Michele, Jéssica e D. Mafalda.

Todos saudaram calorosamente Anastácia com um grande sorriso e votos de boas-vindas. Anastácia, portanto, percebeu que poderia, ali, estar ampliando os laços de amizade fraterna. No que dependesse de sua vontade e iniciativa, teria grande convivência com aquelas pessoas.

Olhando no relógio, Marina convidou a todos:

– Vamos, a palestra irá começar em alguns minutos e não podemos perder nem uma só palavra do palestrante – disse Marina, referindo-se a Walter, o orador daquela noite.

Em seguida ao aviso de Marina, o grupo se dirigiu ao salão no qual a palestra seria proferida.

Anastácia estava um tanto admirada de perceber-se alegre e integrada naquele ambiente amigo, como se pertencesse àquele lugar há muito tempo. Ao entrar no recinto, um grande salão, sentou-se ao lado da irmã e aguardou a apresentação do expositor Walter, cuja fala era esperada com grande expectativa.

Capítulo 10

Passeio pela capital

Cícera despertou com a sensação de que estava ainda em seu sonho recorrente de ir para São Paulo. Abriu os olhos e demorou alguns momentos para cair em si e sentir que estava mesmo na capital paulista.

Os dígitos do seu relógio informavam 7 horas, e o seu olfato confirmou a realidade de sua percepção pelo saboroso aroma do café feito pela prima. Aquele cheiro delicioso levou sua memória, em viagem de volta, à Mossoró. Seu pensamento agora, já com saudade, trouxe até ela a figura da mãe, junto a sua cama, com a fumegante xícara de café na bandeja, que trazia também, embrulhado no guardanapo, o pãozinho quente com manteiga farta.

Já bem desperta, empurrando aquela sentida saudade para fora do pensamento, falou para si: "– Nossa, que noite atribulada!" Parecia contradição, mas os muitos sentimentos experimentados naquelas horas recentes, entre a partida de Mossoró até aquele momento de despertar, modificaram, em sua mente, as imagens da expectativa imaginada. Via agora, diversamente do que imaginara, uma desfocada justaposição do que sonhara com a imagem vivida. A viagem, o reencontro com a prima, o encontro com Célia, a promessa de emprego e tudo o mais que vivera faziam-na perceber sua mente como uma encruzilhada de pensamento e ideias, fazendo do seu sentir um misto interessante de sensações. Desfilava em seu cenário mental imagens personificando ora entusiasmo, ora ansiedade, alegria e até a fé no futuro apareceu corporificada com luzes brilhantes e cores em tom de verde marcadas de intensa esperança.

A noite da sonhadora potiguar foi curta para caber os sonhos que deviam ter sido sonhados e que, por isso, continuavam chegando neste tempo do despertar. Cícera abriu bem os olhos e, chamando a realidade, levantou-se da cama com a prima carinhosamente brincando:

– Acorde sua folgada, você acha que a vida na cidade grande é moleza? Aqui temos que começar o trabalho logo cedo...

Cícera sorriu da brincadeira de Nazaré e entrou no clima:

– Mas hoje é sábado, dia de descanso...

– Dia de descanso nada, dia de passeio, e passeio é trabalho – e caiu na gargalhada, para em seguida concluir: – Vamos, levante-se, iremos passear muito hoje. Conforme eu escrevi nas cartas, tem muitas coisas que quero mostrar a você. Programei hoje passarmos no Museu do Ipiranga e de lá iremos para a Avenida Paulista. Caso tenhamos tempo, passaremos no MASP. Faremos as refeições no Shopping e, só com esses passeios, você irá confirmar, e até superar, as expectativas que tem com relação a São Paulo.

– Combinado, sábado dia de passeio... Vamos aproveitar. Mas antes gostaria de telefonar para Ribamar, o esposo de Célia, estou ansiosa para conversar com ele, afinal, emprego para mim hoje é a prioridade maior.

– Primeiro se apronte. Tomaremos café e depois conversaremos sobre Ribamar.

Cícera concordou e foi logo arrumar-se. Não podia perder tempo. Recordou-se das palavras de sua tia Marina, em momento decisivo de sua vida: "As oportunidades que a vida traz não podem ser desperdiçadas, temos que aproveitar as chances que Deus nos dá para progredir". Cícera tinha claro em seu pensamento que o encontro com Célia foi mesmo uma oportunidade dada pela vida. Não podia, pois, perder a chance.

Enquanto isso, Nazaré terminava os preparativos, cuidando com carinho do café, do pão e até do queijo de Minas que uma colega de trabalho trazia para ela. Esmerava-se em fazer com que Cícera se sentisse o mais a vontade possível. Sabia das dificuldades que as mudanças impõem na vida das pessoas. Ela mesma experimentara isso quando viera para São Paulo, aliás, com um agravante: não conhecia ninguém. Por isso, fazia de tudo para que o caminho de Cícera fosse menos complicado e sua adaptação à cidade grande mais suave.

Cícera apareceu na porta da cozinha já arrumada e de banho tomado, o que gerou admiração em Nazaré:

– Nossa! Vejo que caprichou no visual, hein! Será que São Paulo merece toda essa beleza?

Cícera respondeu à brincadeira com um belo sorriso, que mostrou, além da alegria, a gratidão sincera pela acolhida tão generosa. Ambas se sentaram e, ao mesmo tempo em que saboreavam o delicioso queijo no pão fresquinho, entre um gole e outro do café fumegante, conversavam sobre vida e esperanças. Ao terminarem, Cícera disse à Nazaré:

– Prima, preciso falar com Ribamar. Mesmo hoje sendo sábado preciso telefonar para ele, pois estou mesmo preocupada com este problema que está me deixando ansiosa.

Nazaré respondeu:

– Calma, Cícera, tenha calma, você chegou ontem a São Paulo. Confie, tudo dará certo. Hoje é sábado; então, sugiro que telefone ao Ribamar na segunda-feira pela manhã. Aproveite, portanto, o final de semana para descansar e conhecer um pouco da capital. Deixe a ansiedade de lado; lembre-se que tudo tem seu tempo.

Percebendo a serenidade e segurança na voz da prima, Cícera resolveu relaxar um pouco e respondeu:

– Creio que você tem razão, Nazaré. Com esta sua certeza sinto até que a ansiedade acabou.

– Assim é que se fala. Vamos, então, passear? E Nazaré sorriu para Cícera, estendendo carinhosamente as mãos e convidando-a a levantar-se e sair.

A prima naturalmente obedeceu e acompanhou Nazaré. Ao sair de casa, Cícera, curiosa como de costume, indagou à prima:

– E posso saber aonde vamos?

– Mas é claro, iremos, como disse anteriormente, andar um pouco, e como sei que você, desde pequena, sempre gostou de conhecer história e arte, iremos ao museu do Ipiranga, e lá aprenderá também um pouco mais sobre a cidade.

Cícera sorriu do comentário da prima e disse:

– Bem, como você me conhece, sou mesmo curiosa e gosto de saber das coisas. Gosto de ler, de conhecer e estar informada. Considero isso tudo muito importante e, por isso, prima, não se aborreça se eu fizer muitas perguntas.

– Fique tranquila, estou aqui para isso mesmo. Pode ter certeza que me esforçarei para ser uma boa guia turística. Ao dizer isso, Nazaré sorriu, mostrando sinceridade no que dizia e foi compreendida pela prima, que sorriu concordando.

Ambas estavam de bom humor, afinal, gostavam-se demais e há muito tempo não se viam. Naquele dia, o alto astral dominava o coração das duas jovens, que mostravam em palavras e atos a amizade que as ligava. Elas não sabiam que esses laços fortes de afeto vinham de longa distância na medida do tempo das vivências reencarnatórias.

Assim, conversando animadamente, dirigiram-se ao metrô. Conforme tinha dito, Nazaré iria levar Cícera para conhecer primeiro o Museu do Ipiranga. O seu principal objetivo era fazer com que a prima se ambientasse mais rapidamente à cidade. Oportuno, portanto, que Cícera, como pode se dizer, fosse mesmo entrando no clima e ritmo da grande metrópole.

A conversa era solta e animada sem, contudo, atrapalhar a atenção de Cícera, que observava cada detalhe. De fato, era mesmo para ela um mundo bem diferente que se abria. Cícera, já superando em parte o sentimento de saudade que sentia da mãe, da tia e de Mossoró, percebeu que uma sensação de prazer e satisfação já tinha raiz bem dentro de si. Seu Espírito já confirmava o que, pela intuição, já tinha percebido, que momentos importantes de sua existência seriam vividos ali, na capital paulista. Parecia mesmo que ela já vivenciara, ou melhor, que ela já estivera naquele palco urbano, vivendo naquela cidade.

Finalmente chegaram ao Museu. Cícera olhava com admiração para a imponência da arquitetura, paisagismo e conservação do local. Ao entrar, observou:

– Grandes as escadarias!

Nazaré, então, explicou:

– Essas escadarias foram postas pelo arquiteto como

representação do rio Tietê, lembrando o caminho dos bandeirantes, que fizeram grande parte de suas explorações do interior do Estado e do Brasil por este legendário rio. Você verá aqui objetos e documentos que retratam a história do Brasil e de São Paulo, Cícera.

E ambas percorreram cada canto do local, e Cícera pôde ver de perto peças históricas, artigos, fotos, objetos e utensílios que fizeram parte de um tempo já tão distante, mas que se imortalizava por meio do Museu do Ipiranga. Lembrou que, embora movidos por ambição e muitas vezes com desrespeito a vida e ao meio ambiente, os bandeirantes delinearam os contornos deste país, integrando a sua área continental.

O sábado, por isso, transcorreu veloz para Cícera, que apreciava cada ponto, cada canto visitado da cidade. Nazaré, mudando o que foi programado, levou Cícera, depois do Museu, à Praça da Sé, ao Largo São Francisco, ao SESC Pompéia, e quanto ao MASP, o Museu de Arte de São Paulo, só deu tempo de ver sua belíssima arquitetura lá da Avenida Paulista.

Após alguns minutos de trajeto, e já em casa, Cícera exclamou:

– Ufa! Quanta coisa para um dia!

– Pois é, você ainda não viu nada – respondeu Nazaré, acrescentando: – Tem muita coisa que quero mostrar a você.

– Eu estou exausta, Nazaré, hoje o que mais quero mesmo é cair na cama e dormir.

– Com certeza, suas olheiras mostram que você está mesmo precisando descansar. Ainda está ansiosa? – questionou Nazaré.

– Não muito, conhecer todos esses lugares e passar o dia com você me deixou bem mais relaxada – respondeu Cícera.

– Que bom, prima. E o que mais você precisa agora é estar com a cabeça descansada para que reflita e tome as decisões certas. Todo processo de mudança envolve certa dose de ansiedade e é normal, porém, não podemos deixar que ela nos domine – observou Nazaré.

– Eu sou grande admiradora sua, Nazaré, por sua maneira de ser, tudo que você fez e conseguiu, e com humildade. Devo admitir que você é mesmo, para mim, o modelo a ser seguido!

– Fico feliz que me veja dessa forma, Cícera; contudo, posso assegurar-lhe que tenho minhas limitações e muitos desafios a superar.

– Mas você traz em si uma força muito grande, Nazaré.

– Essa força a que você se refere, Cícera, não é apenas minha, é sua também e, aliás, é a capacidade que todos nós, os seres humanos, temos de buscar e conseguir com esforço e trabalho o melhor que planejamos conquistar. O que acontece é que algumas pessoas já descobriram essa força, outras não.

– Como faço para achar essa força, prima?

– Você já a encontrou, Cícera.

– Como assim? – indagou Cícera, intrigada.

– Sim – respondeu Nazaré – você já encontrou esta força de superar os desafios. Só o fato de ter se mudado para São Paulo, saindo de Mossoró, e colocando-se disposta a enfrentar a saudade da mãe e o rompimento com a zona de conforto e segurança que nossa cidade natal representava, já mostra que você encontrou essa força. Não é fácil mudar, prima, não mesmo. Muita gente tem verdadeiro pavor de enfrentar mudanças em sua vida.

– Analisando assim, vejo que você tem razão. Não foi mesmo fácil decidir colocar em prática a ideia que brotava em meu íntimo de que eu tinha que vir para cá. Algo falava, no fundo da minha alma, que deveria ser esta a decisão certa. Porém, decidir e providenciar a mudança é que foi para mim muito difícil.

– Imagino os conflitos que você viveu, Cícera.

– Sim, foram muitos conflitos, mas consegui superá-los e cá estou.

– Está vendo, por isso eu disse que você havia encontrado essa força. Como eu dizia, mudar exige renúncia, prima; renúncia aos velhos hábitos, abandonar o comodismo e, principalmente, renunciar à segurança.

Progredir é como caminhar, dizia um velho e sábio professor que tive. Para dar um passo, saímos de uma posição estável de equilíbrio, inclinamos o nosso corpo e, com isto, a linha vertical, que passa pelo centro de gravidade de nosso corpo, cai da base definida por nossos pés. É esta uma posição instável. Para recobrar o equilíbrio, movemos um pé adiante e, assim, definimos outra posição estável. Desse modo, caminhamos saindo da estabilidade e voltando a ela e, em seguida, fazemos isso novamente. Assim você fez para progredir, para crescer. Renunciou à segurança que a sua mãe e sua cidade representavam para você. Falo com certeza porque foi assim comigo também. Foi graças a minha educação e aos ensinamentos da Doutrina Espírita que eu pude vencer esses obstáculos, e hoje me sinto mais forte, em todos os aspectos, e verdadeiramente adulta e independente.

– Obrigada por sua amizade e carinho, querida prima – disse Cícera, com sinceridade. – Mas agora preciso ir deitar-me, pois estou mesmo exausta.

– Eu fiquei muito feliz com a sua vinda, Cícera! Também vou deitar-me, afinal, amanhã muita coisa nos aguarda com certeza. Boa noite.

– Boa noite.

Feliz com a prima em sua casa, Nazaré sentiu emergir a lembrança de uma referência feita por Allan Kardec em *O Livro dos Espíritos:* "A Natureza deu ao homem a necessidade de amar e de ser amado. Uma das maiores felicidades que lhe são concedidas na Terra é a de encontrar corações que com o seu simpatizem. Dá-lhe, então, a Natureza, assim, as primícias da felicidade que o aguarda no mundo dos Espíritos perfeitos, onde tudo é amor e benignidade. Dessa felicidade está excluído o egoísta."

Naquele instante, já deitada em sua cama, Nazaré, sentindo-se muito feliz, refletiu no inspirado texto do notável codificador do Espiritismo. O mestre francês tinha razão quando fez constar de *O Livro dos Espíritos* a resposta dos mentores da codificação a sua questão de número 938. Ter a sorte de poder conviver com almas verdadeiramente afins é muito raro, e podemos mesmo considerar ser esta uma oportunidade de viver, aqui na Terra, a plenitude da felicidade que só será vivenciada pelos Espíritos que habitam as esferas literalmente Celestiais. Valorizando profundamente a felicidade dessa oportunidade de convivência com a prima, em sentida prece agradeceu a Jesus. Após a oração, adormeceu bem rápido, pois embora o Espírito estivesse em momento de elevada comunhão com as esferas do Mais Alto, o corpo físico chamou o repouso do sono para refazer-se do cansaço produzido pelo longo passeio e emoções vivenciadas.

Capítulo 11

A palestra e muitas reflexões

O palestrante Walter surgiu de uma porta lateral e subiu os degraus que o levaram até a tribuna do recém-construído auditório do Centro Espírita Seara de Luz. Demonstrando segurança e delineando um sorriso, com voz grave cumprimentou os presentes. Era um homem de porte grande, e os cabelos grisalhos autenticavam visualmente a grande experiência de vida que ele, por seu discurso, se fazia parecer. Chamava a atenção a movimentação dos olhos, que mantendo o foco em um ponto acima das pessoas, em cadência pausada espalhavam serenidade. Walter era um orador experiente, com a segurança de quem passou muitos anos no estudo da doutrina codificada por Kardec, contudo, quanto mais experiência adquiria, mais necessidade sentia de debruçar-se sobre as lições de Jesus tão bem explicadas por Allan Kardec. Assim, este seu empenho em estudar cada vez mais transparecia na qualidade de suas preleções.

Ao vê-lo altivo e confiante, pronto para iniciar a palestra da noite, Marina pensou com seus botões: "Que bela noite de estreia no Centro Espírita terá Anastácia. O tema muito oportuno – "Bem aventurados os aflitos"

– e, sem dúvida, o orador Walter era a pessoa mais capacitada para mostrar para a irmã o valor da Doutrina Espírita. Marina tinha mesmo a convicção de que aquela seria uma noite especial. Olhou para o lado e percebeu a ansiedade em sua irmã que não parava de mexer as mãos. Seus pensamentos foram cortados pela palavra amena de Aristides, um dos dirigentes do centro, e que naquela noite iria proferir a prece inicial. Ele convidou a todos para que colocassem em seus pensamentos vibrações sutis consonantes com a espiritualidade maior. Pediu que todos se desligassem mentalmente das tribulações do universo exterior em que vivem fisicamente, pois aqueles momentos em que permaneceriam na Casa Espírita deveriam ser aproveitados na harmonização da contraparte espiritual do ser que somos, com as esferas sublimes do Mais Alto.

Logo depois de proferida a prece por Aristides, Walter foi convidado à palavra. Com o olhar agora voltado para um ponto mais alto ainda, demonstrando segurança e inspiração, iniciou a palestra:

– A paz de Jesus envolva nossos corações! Meus irmãos, o tema que abordaremos na noite de hoje será o capítulo "Bem aventurados os aflitos", que consta em *O Evangelho segundo o Espiritismo*. Iremos meditar nas belas lições de Jesus, que se constituem num tratado belíssimo para o bem viver, ou seja, para viver com alegria e disposição. Quem as observa com atenção, com certeza não se deixará envenenar pelo desânimo, pois Jesus fala de amor, boa vontade, perseverança e superação. Como podem perceber, são lições aplicáveis em nosso cotidiano. Viver com alegria apesar dos problemas, viver motivado apesar dos obstáculos da enfermidade, viver com entusiasmo apesar da dificuldade financeira que chegou ou pela falta enorme do ente querido que partiu; enfim, dos inúmeros desafios apresentados pela vida.

Anastácia não piscava os olhos, parecia que a palestra havia sido preparada para ela. Ouvia atentamente as palavras de Walter sobre as aflições que periodicamente inundam o coração humano, e concordava mentalmente com tudo que o orador dizia. Assistido pela espiritualidade presente, Walter prosseguia efusivo:

– Quando falamos em aflições, somos naturalmente levados a questionar as razões de nossos padecimentos aqui na Terra. Assim nos explica o Espiritismo, que as aflições de agora são decorrentes de nosso passado recente nesta encarnação ou de outras existências pretéritas em que, contrariando a lei de amor, entramos nos caminhos dos desacertos. No entanto, Deus, demonstrando sua perfeição, bondade e misericórdia, acrescentou nas estruturas biológicas um mecanismo perfeito de evolução: o renascimento, ou seja, a oportunidade abençoada de reescrever as páginas da existência, com a caligrafia mais perfeita de novos atos em nova peregrinação reencarnatória. Podemos, assim, redigir por nova atitude um roteiro de final feliz para substituir algum capítulo da história incerta acontecida em nossa vida, por meio do retorno do Espírito imortal que somos em uma nova personalidade na carne. Então, volta o Espírito que somos, trajando novo corpo e, agraciados com o benefício do esquecimento temporário, temos outra vez a oportunidade de procurar acertar. E como as causas dessas aflições residem no passado mais remoto, muitas vezes não conseguimos compreender os motivos pelos quais somos visitados pela enfermidade ou outros acontecimentos que consideramos "azar". Entretanto, estes imprevistos nada mais são do que lições de vida destinadas a ajustar o nosso psiquismo aos valores das virtudes evangélicas. Assim, não podemos classificar as pessoas como sendo algumas delas portadoras de sorte enquanto que outras de azar; isso não pode ocorrer por ser incompatível com a justiça perfeita de Deus, como nos ensinam os Espíritos da codificação. O Criador não joga dados, confirmou-nos o professor Einstein. Quando no painel do nosso carro existencial acender a luz vermelha da dor, devemos sempre questionar e analisar nosso íntimo com a métrica dos valores do Cristo. Precisamos buscar descobrir o que devemos mudar em nós, para que nos seja revelado este fulcro de padecimentos e, em seguida, possa o mesmo ser removido por renovação de pensamentos, palavras e atos. Fatos outros desagradáveis, atribuídos ao azar, são, na verdade, quedas existenciais provocadas por nossa própria imprudência em passado recente. É mesmo falta de cuidado e zelo em nosso proceder atual. Quantas vezes agimos de forma precipitada e inconsequente? Quantas vezes nos entregamos aos impulsos e a irreflexão? Quantas vezes depositamos a culpa em tudo, em todos ou no azar, pelos nossos descuidos? Com essa reflexão percebemos que sofrer é uma opção da pessoa. Todos temos problemas nesse mundo, afinal, a Terra é planeta de provas e expiações, todos, sem exceção enfrentamos dificuldades de diversos matizes, porém, faço a pergunta:Sofrimento já resolveu algum problema? Alguém já pagou suas contas com sofrimento? A resposta é simples: não, nenhum de nós conseguiu superar seus desafios com o sofrimento. Por isso, a partir do momento em que o sofrimento nos despertou do sono da inconsequência, ele se faz desnecessário. Deixemos, pois, de sofrer pelo que nos aconteceu no passado; deixemos também de sofrer pela insegurança do que nos reserva o futuro. Trabalhemos com perseverança, semeando o bem e o amor neste momento presente e, assim, com certeza, o nosso amanhã será sublime e a paz, prometida pelo Mestre de Nazaré, será a nossa companheira.

Jesus ilumine a todos nós. Obrigado!

Com esses dizeres, Walter se despediu do público e se dirigiu à sala ao lado. Os trabalhos da noite continuaram.

As palavras do palestrante ressoavam profundamente em Anastácia. Ela, extática, via agora um filmc em sua tela mental. Nele, a história de sua vida era mostrada em tempo acelerado, pelo personagem que era ela. A legenda da sua compreensão, em mágico contexto, explicava tudo.

Via com espanto, em realidade vívida, que aquilo que ela julgava aflição, a partida da filha para São Paulo, nada mais era do que a pedagogia natural, fazendo a sua vida seguir seu curso inexorável, em que as suas necessidades de aprendizagem, como Espírito imortal que era, prevaleciam sobre o "incomodo" do sofrimento passageiro sentido pela sua atual personalidade encarnada. Pensava agora: "Para que sofrer? Para que alimentar a tristeza? O que seria aquele momento de afastamento entre ela e a filha ante o infinito do tempo da eternidade?" Assim percebida por ela, a sua escolha natural foi a de sentir alegria de viver, enfrentar as situações, ter fé e raciocínio e não deixar que a dificuldade daquele momento amargasse a sua existência. Sentada ao seu lado, Marina também refletia nas importantes palavras do palestrante, no entanto, acompanhando a movimentação das pessoas, levantou-se e disse à irmã:

– Irei agora participar dos trabalhos de aplicação dos passes. Se você sentir necessidade de receber esta doação de energia, pode entrar na fila que, em breve, será chamada para ingressar na câmara de passes.

Anastácia se admirou:

– Mas... Eu posso?

– E como não, minha irmã? Claro que pode – respondeu Marina, explicando a ela: – O passe é uma transfusão de energia dos trabalhadores de boa vontade da Casa Espírita, que se propõem a doar, neste local, fluidos semifísicos. Esses fluídos são manipulados na sala de passes pelos Espíritos protetores, favorecendo as pessoas que necessitam equilibrar a saúde física, emocional ou até para tratamento de entidades espirituais carentes, para as quais a luz do conhecimento do bem ainda não chegou. Durante o passe, em uma atmosfera plena de vibrações harmoniosas de orações, essas entidades são encaminhadas para receberem o entendimento da importância dos valores descritos no Evangelho de Jesus.

Embora concordando com toda aquela explicação da irmã e bastante empolgada com tudo o que ouvira naquela noite, Anastácia resolveu aguardar a irmã ali mesmo. Tinha muito sobre o que refletir. Estava agora sendo apresentada a uma realidade diferente das fundamentações religiosas que tinha até então. No entanto, o que de mais espantoso acontecera foi, para ela, o entendimento da realidade de que somos Espíritos imortais e que recebemos um novo corpo em cada encarnação terrena. Incorporar esse novo conhecimento era também dar novo rumo para a sua existência. Via agora uma intensa necessidade de aprofundar-se nos estudos da Doutrina Espírita e, então, resolveu, nessas reflexões, que pediria a irmã que a ajudasse.

"– Como pudera ficar tanto tempo indiferente ao que dizia Marina?" – perguntou a si mesma. Só agora ela se dava conta de ser a irmã uma pessoa com excelente qualidade de vida, apesar das inúmeras provações que passava. "Como podia ela não ter percebido antes a relação entre os valores morais de Marina, sua paz interior permanente, sua alegria de viver e a Doutrina Espírita?" Anastácia, naqueles breves instantes, vendo a sua vida em retrospectiva, percebeu a indiferença que tinha para com os valores fundamentais da vida. Sempre tão ligada aos próprios problemas, como ultimamente, em que se sentia presa ao sofrimento da partida da filha, deixara sempre escapar grandes outras oportunidades de conhecer o Espiritismo. Imersa profundamente naquelas reflexões, foi despertada por Marina, que retornara dos trabalhos de passes. Anastácia, voltando da viagem interior, despertada pelo toque carinhoso de Marina, disse:

– Estava aqui pensando na vida, Marina. Como são as coisas. Somos irmãs e, mais que isso, vivemos uma amizade verdadeira. Eu sempre admirei muito você, seus valores e a maneira como enfrenta os problemas do dia a dia. No entanto, só agora é que me dei conta da importância que é para você o Centro Espírita. Vendo sempre você como uma frequentadora assídua desta casa abençoada, nunca me dei ao trabalho de visitar o Centro Espírita para ver como as coisas acontecem. Por que será?

– Ah, minha irmã, observamos na natureza o tempo de germinar, crescer e florescer. Até que passe o tempo de germinação e crescimento da semente Evangélica, o florescimento da luz do entendimento das coisas do Espírito não chega a nós. Antes desta primavera existencial permanecemos indiferentes aos tesouros da realidade transcendente. Neste tempo de infância espiritual, observamos pouco a vida e seus fenômenos, e para nós o imediatismo dos valores materiais pontua a nossa imaturidade evolutiva. Mas agora que descobriu aqui, nesta palestra no Centro Espírita, o tesouro que a traça não rói e o ladrão não rouba, faça deste momento um marco fundamental em sua trajetória de vida. Deixe de pensar no que passou e programe o seu futuro em pensamentos, palavras e ações renovadas sob a ótica do Evangelho, minuciosamente explicado à luz do Espiritismo. O tempo perdido, como sabemos, não voltará mesmo. Porém, o tempo que está por vir é ouro puro na lavra árdua que extrairá do cascalho mundano as lições colhidas pelo Espírito imortal que somos. Este seu momento, minha irmã, é de importância ímpar em recomeço existencial. Com essa sua reflexão, coloque agora uma camada de felicidade genuína sobre qualquer angustia ou sentimento de culpa, e comece já o trabalho, literalmente, nesta "Seara de Luz", que é a denominação de nossa Casa Espírita. Pelo seu olhar e aparência, percebo que gostou mesmo da palestra do Walter. Penso que de fato você se alinhou com a proposta de vida trazida pelo Espiritismo, não é?

Anastácia respondeu, demonstrando entusiasmo verdadeiro:

– Gostei demais, minha irmã! Tudo o que o orador disse nesta noite serviu para mim como uma luva. Parece até que ele falava como se tivesse lido um relatório de toda a minha vida. Quero mesmo participar das atividades que são desenvolvidas aqui nesta casa abençoada. Quero poder colaborar, fazer cursos de Espiritismo. Desejo mesmo conhecer e fazer amizade com as pessoas que frequentam esta casa. Enfim, ficar mais próxima desse trabalho tão enobrecedor.

Marina apenas sorriu e, abraçando a irmã, foi gentilmente conduzindo-a para a saída do Centro Espírita, afinal, tinham ainda que caminhar até a casa de cada uma e, assim, continuaram "proseando" pelo caminho. Uma agradável sensação de paz, e até de prazer, banhava o coração de Marina, afinal, tudo correra como ela planejara. Não deixou, pois, passar a oportunidade de mentalmente agradecer à espiritualidade protetora pela sublime noite que tiveram; noite que marcava o encontro de sua querida Anastácia com os inesquecíveis tesouros da imortalidade da alma. Fizeram o caminho de retorno muito felizes, satisfeitas, e com poucas palavras, pois ambas digeriam mentalmente a aceitação do Espiritismo com Jesus por parte de Anastácia. Na hora da despedida, também sem palavras, apenas um abraço apertado falou por elas, em profundo sentimento inefável.

Capítulo 12

Mais surpresa...

O domingo transcorreu tranquilo para Cícera e Nazaré. Naquele momento da vida, ambas se perceberam verdadeiramente como almas afins. Viviam agora, embora só as duas, como família que eram, em uma dupla que se ajustava muito mais a um modelo de irmãs do que de primas. Os assuntos se intercalavam incessantemente e as empolgações, às vezes, faziam-se ruidosas e ecoavam pelo ambiente, evocando batidas na parede pela reclamação da vizinha do apartamento ao lado.

Nazaré e Cícera manifestavam, então, sem economizar alegria, mais moderação na expressão da amizade entre elas. Ali não existia apenas o parentesco físico, mas também, sobretudo, a afinidade que vinha de muitas passagens encarnatórias em vivências passadas, considerando que elas pertenciam a uma mesma família espiritual, que encarnavam muitas vezes sob um teto comum, como irmãs ou em outro grau de parentesco próximo.

Entretidas em trocas de ideias e conversas de moças, nem viram o tempo passar e, em um momento, juntas olharam pela janela aberta e viram que as estrelas já estavam cintilantes no céu paulistano. Nazaré, então, disse à prima:

– Todos os domingos, às 19 horas, eu realizo sempre o Evangelho no Lar. Vez ou outra aparece uma amiga que me acompanha nesse momento de oração e estudo. No entanto, quase sempre eu o faço sozinha, ou melhor dizendo, sozinha não, mas acompanhada de nossos amigos espirituais. Hoje, como você está aqui, prima, acredito que seria muito importante que participasse comigo.

– Evangelho no Lar?! De que se trata? – questionou Cícera.

– É um estudo do Evangelho de Jesus que fazemos em nossa casa, Cícera. Eu faço aqui e minha mãe sempre fez em Mossoró.

– E como é que você faz este estudo? – perguntou Cícera.

– O primeiro passo é estabelecer um dia e um horário da semana em que estaremos sempre em casa. É importante realizarmos esse estudo em dia e horário estabelecidos. Eu, por exemplo, escolhi o domingo à noite.

– Mas por que essa questão do horário e dia definidos?

– Porque, Cícera, é uma reunião em que os Espíritos comparecem no horário definido e, como bem sabemos, eles não estão a nossa disposição como e quando quisermos. Os Espíritos têm suas atividades e, como seres organizados que são, tem sua agenda. Eles têm outras ocupações programadas e, por isso, temos que deixar um horário definido reservado para esse compromisso. Além do mais, existe a questão de disciplina, que é fundamental para todos em qualquer atividade.

– Entendo, Nazaré... Mas, continue.

Atendendo ao pedido da prima, prosseguiu Nazaré em seus esclarecimentos:

– Estabelecidos dia e horário, iniciamos com uma prece. Depois, abrimos o Evangelho e fazemos a leitura de determinado texto. Eu, particularmente, faço um estudo sequencial das páginas de *O Evangelho Segundo o Espiritismo*. Gosto mais de estudar dessa forma, seguindo uma espécie de metodologia, porém, tem gente que faz a leitura do texto abrindo o Evangelho ao acaso. Interessante é que, mesmo sozinha fisicamente, eu discorro sobre o tema da noite em voz alta. Depois, encerro a reunião com uma prece e peço aos amigos espirituais que coloquem fluidos benéficos para a saúde na jarra de água filtrada que coloco sobre a mesa.

– Há muitos anos que você faz isso, Nazaré?

– Sim, já faz alguns anos.

– E percebeu algum benefício, alguma ajuda? – indagou Cícera.

– Com certeza. Os benefícios são inumeráveis, e poderia fazer uma lista bem extensa. O estudo do

Evangelho no Lar abre as portas de nossa casa para o plano espiritual maior. Essa prática modifica o padrão vibratório do ambiente. É, na verdade, uma "faxina" na atmosfera espiritual de nossa casa. Sabe, prima, sempre que estive desanimada pelos problemas mais sérios ou pela quantidade grande dos problemas não tão sérios, ao realizar o Evangelho no Lar sinto, verdadeiramente, uma imensa paz em mim. Era como se uma voz me dissesse para prosseguir, que as dificuldades são exercícios para fortalecer-nos e que todos os desafios da existência, por mais difíceis que sejam, serão superados com o exercício da boa vontade e do trabalho. Nesta luta permanente, crescemos sempre em inteligência e em valores morais.

– Gostaria de ter sua fé...

– Ah, Cícera, a minha fé é realmente forte e ela é assim por não ser simplesmente uma fé cega e sem fundamento. Por exemplo, para acreditarmos na existência de seres incorpóreos celestiais e outros maléficos, bem como espaços transcendentes à nossa realidade física onde estes seres habitam, sem respaldo da reflexão racional se torna impossível. Tenho fé em Deus e nos valores da Doutrina Espírita, bem como nos valores do Evangelho de Jesus, sempre com crenças filtradas pelo crivo da razão. É uma fé pensada, refletida, que todos podem ir adquirindo e fortalecendo pelo exercício permanente do raciocínio lógico aplicado ao entendimento religioso. Saber o porquê de acreditar-se nas coisas. "Compreender para crer", é parte de um texto de Santo Agostinho que podemos considerar suficiente para construir a nossa fé.

– Como assim?

– Ora, basta pensar, analisar e refletir sobre a vida, o mundo e as situações que nos circundam e perceberá que tudo caminha de forma perfeita, tudo vem para nossa evolução, até mesmo as dores e dificuldades. Portanto, ao observar as ocorrências da vida e refletir sobre elas, na lógica dos acontecimentos, a fé brota espontânea e racional, recheada de certeza na imortalidade da alma, de que somos Espíritos e estamos aqui apenas de passagem.

Quebrando a divagação daqueles minutos, Cícera disse à prima que gostaria de participar da reunião do Evangelho no Lar. Nazaré sentiu verdadeira alegria. Sabia que este momento de estudo, aprendizagem e oração beneficiaria Cícera. Esses momentos de recolhimento trariam a ela tranquilidade e serenidade, tão importantes para o telefonema que ela daria logo mais a Ribamar, visando conseguir trabalho. Cícera estava, como seria de esperar, com certo grau de ansiedade, afinal, não é sempre que alguém com tão pouca idade deixa sua zona de conforto, seu *habitat*, para aventurar-se em uma cidade grande, desconhecida. Logo, alguma insegurança quanto ao seu futuro era mesmo natural naquela situação. Sabendo disso, Nazaré, que era mais experiente que a prima, faria tudo que estivesse ao seu alcance para tornar a permanência dela em São Paulo mais fácil; porém, como aprendera na própria Doutrina Espírita, sempre respeitando as escolhas de Cícera.

Nazaré observou que Cícera ouvira mais do que falara durante o estudo do Evangelho no Lar e atribuiu isso ao cansaço da prima.

Após o estudo do Evangelho, Cícera disse à Nazaré:

– De fato, estudar o Evangelho me fez muito bem, Nazaré. Estou até mais relaxada, e acredito que vou deixar a ligação para o Ribamar para amanhã. Mesmo que a orientação fosse para eu ligar no domingo, agora estou pensando mais em recolher-me e dormir – falou Cícera, denotando certa apreensão.

Nazaré, em tom fraternal, a advertiu:

– Nada de dormir, pelo que me contou de sua conversa, no ônibus com a Célia, agora é o momento de você ligar para Ribamar e conversar com ele.

Cícera fez um gesto, levantando o polegar, piscou para a prima e pediu:

– Então, está bem! Só peço a você que me deseje sorte!

Nazaré lembrou-lhe:

– Já conversamos sobre sorte, lembra? Faça sua parte, ou melhor dizendo, "Ajuda-te que o céu te ajudará".

Trazendo consigo uma estranha tranquilidade, como se tivesse a certeza de que Ribamar a esperava e que teria uma vaga de emprego, Cícera apertou as teclas do telefone e, em breves segundos, do outro lado uma voz masculina atendeu:

- Alô!

- Alô, boa noite – cumprimentou Cícera – necessito falar com o Sr. Ribamar, por gentileza.

- Boa noite, é ele quem fala.

- Sr. Ribamar, meu nome é Cícera – e quando ia começar as explicações ele a antecipou:

- Cícera, a sobrinha de Marina. Eu estava mesmo aguardando seu telefonema. Célia falou sobre você e me contou toda a sua história, suas habilidades e sua vontade de vir a São Paulo. Veja que coincidência, quando a Célia falou de você, eu disse a ela que estava justamente precisando de alguém para trabalhar em meu escritório aqui mesmo em São Paulo. Como é a vida, não? Você precisando de emprego e eu precisando de alguém de confiança para trabalhar, e o destino me coloca frente a frente com a sobrinha de uma querida amiga. Em meu pensamento, já imaginava você trabalhando conosco. Agora, como você já tem o nosso endereço e telefone, agende com a minha secretária um horário conveniente para conversarmos melhor, acertar o valor dos vencimentos e horários. Pensando melhor, anote aí os dados.

Após ele ter ditado para Cícera as informações, antes de desligar, disse:

– Obrigado por ter me telefonado.

A jovem potiguar não podia acreditar no que estava acontecendo. Primeiro, encontra Célia Moraes no ônibus e tem uma grande surpresa. Agora, outra surpresa com o marido de Célia, que nem sequer a deixara falar, concedendo-lhe antes de uma entrevista formal uma oportunidade de trabalho. E o mais intrigante: ele até agradecia por ela ter telefonado! Se alguém lhe contasse um fato assim, provavelmente duvidaria e aconselharia a pessoa a fantasiar menos. Mas não. Tudo se passava com ela da forma mais rápida e dinâmica possível. Ainda atônita com as palavras de Ribamar, olhou para a sua anotação do endereço, e Nazaré lhe disse que o mesmo ficava em uma rua movimentada, não muito longe de uma estação do metrô. Lembrou-se das últimas palavras de Ribamar:

– Preferencialmente, aguardo você amanhã às 9 horas. Caso seja possível, venha pronta para começar. – Ele desligara o telefone sem dar-lhe tempo de uma conversa mais longa.

Nazaré olhava curiosa para a prima, espantada com o semblante de Cícera. Afinal, o que estava acontecendo? Cícera pôs o telefone no lugar e sapecou um beijo na bochecha de Nazaré, afirmando com seu evidente sotaque nordestino:

– Ele me deu o emprego, prima! Ele me deu uma oportunidade! Não me deixou falar, como você viu, mas pediu para que eu me apresente em sua empresa amanhã pela manhã.

Nazaré sentia felicidade com tudo aquilo. Amava fraternalmente Cícera, e o fato de as coisas estarem sendo mais fáceis do que ela esperava lhe trazia uma imensa alegria. Nazaré, que abrigava em si muitas virtudes, demonstrou esta, que é a de ficar sinceramente feliz pelo sucesso alheio, ou seja, o oposto da inveja. Ela abraçou a prima e disse:

– Querida prima, falar em coincidência nos fatos felizes que acabamos de presenciar seria ferir a lógica do razoável. Portanto, resta a nós duas agradecermos com uma prece o auxílio espiritual que agora claramente recebeu.

Cícera obviamente consentiu. Tinha muito a agradecer ao Mais Alto por esta clara interferência de protetores espirituais a seu favor. Emocionadas, ambas oraram, colocando nas palavras enorme sentimento. Após os agradecimentos, cada qual se recolheu, afinal, o dia seguinte prometia muitas novidades.

Capítulo 13

Na empresa

Após uma noite tranquila, Cícera ajudou Nazaré preparar o café, o leite e o pão na chapa com queijo. Sentaram-se à mesa e, já prontas para sair, Nazaré avisou que iria acompanhar Cícera até próximo ao endereço da empresa de Ribamar. Cícera, que estava um pouco apreensiva, gostou da ideia. Cada uma delas se alimentou somente com uma xícara de café com leite e metade de um pão com queijo.

Desceram para a rua e caminharam por pouco mais de meia hora, tomaram o metrô e chegaram ao endereço dado. Cícera observa tudo, e seu olhar demonstrava satisfação. Perto de seu destino, Nazaré se despediu de Cícera e lembrou à prima que ela não estava só. Pediu que se lembrasse de que ao seu lado seu protetor espiritual a ajudaria na entrevista, inspirando boas palavras. Quando parou em frente ao imponente prédio de condomínio empresarial, seu coração disparou, porém, em poucos segundos, sua determinação em buscar objetivos afugentou a hesitação. Uma voz, em seu íntimo, que ela sabia ser dela mesmo, avisou que não podia mais retroceder. Assim, por escolha sua, seguiu em frente. Respirou fundo, encorajou-se e finalmente, subindo dois degraus, informou ao porteiro o número da empresa no condomínio. Ele conversou pelo telefone e, em seguida, a orientou para seguir até a recepção, ali mesmo no térreo em frente à portaria. Chegando lá, nas letras estilizadas da entrada da recepção, lia-se o nome da empresa: Emplanel. Entrando, uma simpática secretária, que digitava em um computador, atendeu:

– Bom dia, bem-vinda à Emplanel!

– Bom dia, tenho horário marcado com o Sr. Ribamar.

– Qual é o seu nome?

– Meu nome é Cícera.

– Um momento, por favor.

Em minutos, uma porta lateral se abriu e Ribamar se apresentou.

Ele mostrava aspecto jovial e extrovertido. A aparência elegante era atestada pelo bom gosto que combinava, harmonicamente, estilo e cores em sua roupa e sapatos.

Sorrindo para Cícera e dispensando formalidades, Ribamar exclamou:

– Ora, ora... Vendo você pessoalmente tenho mesmo a certeza que é a minha mais nova contratada! Ou não? Prazer em conhecê-la, Cícera – e estendeu a mão para a jovem potiguar.

Cícera, um pouco acanhada, porém mais a vontade do que quando ele chegou, estendeu a mão e o cumprimentou. Neste momento, sentiu que Ribamar parecia antigo conhecido dela e que seria ali mesmo o seu novo emprego.

Ele, então, a convidou:

– Vamos, entre, irei pessoalmente mostrar-lhe a empresa e explicar o que fazemos, nossa cultura, missão e valores. Assim, nessa conversa inicial, acertamos também o seu salário, que deverá ser o piso estabelecido pelo sindicato. Findado o tempo de experiência, a esse piso será acrescido a participação nos lucros.

Cícera, um tanto surpresa com a objetividade de Ribamar, lembrou-se do aviso da prima sobre a proteção espiritual, e sentindo-se tranquila, disse:

–Em princípio, só posso concordar com o que o senhor me propõe – afirmou ela.

– Por favor, não me chame de senhor, sou apenas Ribamar. Pode ser?

E Ribamar foi com ela pelos corredores da empresa, apontando os departamentos e explicando detalhadamente a função de cada um. Em certo momento, entretanto, deteve-se mais demoradamente em uma das salas e disse:

– Este é o setor de logística reversa, Cícera. Como você deve ter percebido, somos uma empresa que comercializa embalagens. Nossa área mais específica é o comércio de embalagens de plástico e de papel. É aqui, neste departamento, que necessito de alguém para trabalhar. Célia me contou que você é bem comunicativa, inteligente e que cursou os dois primeiros anos do curso de Administração de Empresas. É disso que precisamos.

Aquela afirmação a deixou um tanto apreensiva. Como seria trabalhar com a tal da logística reversa, se ela mal sabia o que estas palavras significavam. Então, Cícera, com honestidade, questionou Ribamar:

- Mas eu não tenho experiência e meus conhecimentos sobre logística são...

Ribamar a interrompeu com seu otimismo habitual:

- Sei que você, por não ter terminado o curso de Administração e nem ter trabalhado em empresas, não tem conhecimentos sólidos em prática e teoria, mas sei também que demonstrou, a mim e a Célia, a sua vontade de aprender e vencer na vida. Afinal, ninguém nasce sabendo e o que espero de você é boa vontade em aprender, assim, o que me diz?

– Boa vontade eu posso garantir que tenho.

–Perfeito –disse ele. –Aliás, Cícera, no meu entendimento, força de vontade e empenho são fundamentais para o sucesso. Não se preocupe, iremos proporcionar tudo o que você precisa para desenvolver-se em nossa empresa.

Já interessada em aprender, Cícera indagou:

– A empresa é muito grande. Quantos funcionários vocês têm aqui?

– A partir de agora, Cícera, não diga mais vocês, utilize a palavra nós, pois você já faz parte de nosso quadro de colaboradores. Mas, respondendo sua pergunta, hoje temos mais de 200 funcionários em filiais em todos os Estados do Brasil. Eu viajo muito e, por isso, preciso cercar-me de pessoas competentes, honestas e responsáveis, para crescermos todos juntos. Na verdade, nós não temos funcionários, temos colaboradores, ou seja, pessoas que laboram juntos. Aqui partilhamos trabalhos e podemos, assim, dizer que também partilhamos lucros, pois a parte dos lucros distribuída aos colaboradores é efetiva. Quanto ao preparo para o trabalho, aqueles que entram em nossa empresa recebem treinamento adequado. Com você não será diferente. Sua remuneração, como já comentei, também será justa e, tão logo esteja adaptada a São Paulo e mostrando interesse, poderemos custear parte ou até a totalidade de cursos técnicos ou de língua estrangeira de sua escolha. Até cursos superiores e de pós-graduação, se for o caso. Acreditamos nas pessoas, e investir no ser humano é valorizar o que consideramos verdadeiramente o nosso maior capital. Fazemos isso não por sermos paternalistas, mas sim porque quanto mais você souber, Cícera, mais conhecimento trará para nós. Isso é lucro para a organização. Pouquíssimas foram as pessoas que, trabalhando em nossa empresa, não entenderam a honestidade dessa nossa proposta e não se adequaram em esforço e boa vontade, que é a contraparte de quem aqui trabalha.

Cícera estava mesmo surpresa. Ribamar demonstrava ser mesmo um líder. Irradiava isso de sua personalidade, fazendo-a perceber a honestidade no que propunha. Poderia estar errada naquele julgamento, mas, lá dentro de si, sabia que ele era mesmo uma pessoa confiável. Suas palavras tinham bom senso e coerência, além de visão otimista sobre as pessoas e o futuro. Simpatizou-se verdadeiramente com ele.

Interrompendo seus pensamentos, Ribamar prosseguia em suas explicações:

– Nós ofereceremos a você, além do salário, comissão, plano de saúde e bonificações periódicas por desempenho. Entendemos, como é hoje a mais avançada filosofia em gestão, que uma empresa, para ser sustentável, deve trazer benefícios a toda a cadeia produtiva. Deve beneficiar, ainda, o meio social e o meio ambiente em que está inserida, além, é claro, de trazer benefícios a sócios e acionistas, aos clientes externos e aos clientes internos, que são os nossos funcionários, a quem, como disse antes, nós denominamos colaboradores. Na associação industrial e comercial da qual nossa empresa faz parte, alguns me consideram visionário por pensar assim, no entanto, eles ficaram perplexos quando, em um levantamento, os indicadores econômicos nos apontaram como a mais lucrativa das empresas da associação.

Cícera, meditando nas palavras de Ribamar,

interpretou naquele contexto as palavras do Evangelho, ou seja: entender que uma empresa que seja boa para todos que com ela se relacionarem é, sobretudo, uma empresa que segue o fundamento maior do Evangelho de Jesus, que nos orienta a fazer para o próximo o bem que gostaríamos que nos fosse feito.

Tudo isso e, por paradoxo, ainda ser a empresa mais lucrativa? Ela entendeu agora que, segundo o pensamento mais evoluído da ciência da administração, a mensagem do Nazareno, de dois mil anos, era atualíssima. Pensar a empresa como um barco, em que se todos remarem na mesma direção e com o mesmo ritmo, é bom para todos. Cooperação verdadeira entre o capital e o trabalho, e não dissidência. Essa é uma proposta factível, que unifica capitalismo e socialismo, criando um ponto intermediário consensual entre essas polaridades econômicas. Assim, Cícera viu renascer dentro dela o ideal de retomar o curso de Administração e, um dia, exercitar estes seus valores exercendo essa profissão.

Após abordar essas questões, Ribamar chamou um funcionário e o apresentou à jovem:

– Cícera, este é Marcos, o responsável pelo setor de logística reversa e que irá passar-lhe todas as informações sobre este setor. Marcos trabalha comigo há muitos anos, é um ótimo profissional e, assim como é nossa filosofia, não se furtará de ensinar-lhe tudo o que ele sabe sobre esta área de grande impacto econômico e ecológico.

Cícera olhou para Marcos e ele, sem conseguir esquivar-se, fixou também o seu olhar no dela. Aí, eles perceberam que, mesmo fora de hora e lugar, uma ligação entre eles se fez. Por um momento, ela nem escutou mais Ribamar. Começou aferir os aspectos físicos de Marcos, descobrindo que o seu interesse por ele estavam indo muito além da logística reversa. Quando tocou a mão, cumprimentando o rapaz que se apresentava, abriu um sorriso e, percebendo a si mesma sorrindo, concluiu que verdadeiramente existia algo que a primeira vista os ligava. Marcos disse, então, ainda cumprimentando a moça:

– Será um grande prazer ensinar-lhe o serviço, Cícera.

Ela se percebeu ruborizada, e agradeceu:

– Obrigada, Marcos – e em seguida baixou o olhar.

Ele, confuso em seus sentimentos, entendeu a atitude dela como timidez e, com certa vagarosidade, delicadamente soltou sua mão.

Ribamar, que“não nasceu ontem”, ficou um tanto apreensivo com o que via acontecer. Mas, dentro de sua filosofia, o indicador que lhe interessava, em situações como esta, era o de que, se para a empresa isso não influísse negativamente, seria então uma questão de escolha deles, pois como todos nós, eles tinham o seu livre-arbítrio.

Após as apresentações iniciais, Ribamar informou:

– Pedirei à Marta, do setor de Recursos Humanos,

que cuide dos detalhes de sua contratação, Cícera. Agora preciso ir, pois outros compromissos me esperam, contudo, se precisar de algo, não se acanhe e me telefone, tudo bem?

Cícera agradeceu a gentileza de Ribamar e não pôde deixar de considerar que tudo parecia um conto de fadas. Afinal, será que no mundo existiriam mais pessoas prestativas e bondosas como Célia e Ribamar? Em poucos segundos de reflexão, entretanto, recordou-se de sua tia Marina. Sim, existiam mesmo pessoas boas em nosso mundo real, porquanto Marina representava literalmente a encarnação da bondade. Claro, não poderia esquecer-se de sua mãe, contudo, a figura da tia, em termos de qualidade em colaborar com os outros, ou melhor, em servir aos outros, era verdadeiramente um exemplo. Desde que Cícera se conhecia por gente, Marina se dedicava ao trabalho em prol do semelhante. Aliás, ela mesma era prova da generosidade de Marina em qualidade e quantidade, porquanto a gentileza de Célia e Ribamar era consequência direta do carinho e do sentimento de gratidão que o casal dedicava a sua tia.

Fazendo Cícera sair daquele estado de reflexão, Marcos interrompeu:

– Cícera, podemos conversar?

Aquelas palavras fizeram Cícera sair de seu mundo reflexivo virtual e, de imediato, em pensamento, voou da casa da tia, lá em Mossoró, de volta para a realidade que agora vivia. Respondeu, então, a quem era agora seu colega de trabalho:

– Sim, claro, podemos conversar.

Naquele momento, pela voz de Marcos, Cícera percebeu que não foi apenas ela quem se "simpatizou" com ele. Marcos também tinha gostado dela e, então, ele a questionou:

– Você conhece algo sobre logística reversa?

– O que conheço sobre isso foi o que aprendi em um trabalho sobre Ecologia e Sustentabilidade Empresarial, feito em equipe, no curso de Administração que iniciei. Mas no aspecto profissional, posso dizer que o que eu sei é muito pouco.

– Então irei explicar-lhe para que fique por dentro de algumas das atividades deste setor de nossa empresa.

Percebendo que a proximidade da moça o afetava muito, sentiu a necessidade de separar as coisas. Então, focando o pensamento em sua atividade profissional, Marcos se pôs a explicar:

– Logística reversa, ou inversa, Cícera, é como o próprio termo nos diz, o processo logístico às avessas.

– Ou seja, é fazer voltar à origem parte de um produto que foi vendido, não é? – argumentou Cícera, já pensando só no trabalho também.

– Simplificadamente, é isso mesmo – respondeu

Marcos e, em seguida, prosseguiu:- Como comercializamos embalagens plásticas, flexíveis ou não, montamos todo um esquema de transporte com consumidores para que essas embalagens, após a utilização, retornem ao ponto de origem, ou seja, aqui mesmo. Óbvio que por diversas razões não conseguimos o retorno de 100% das embalagens, que seria a meta ideal. Contudo, esforçamo-nos para que grande parte delas retorne.

Cícera, então, questionou:

– E o que vocês fazem com essas embalagens?

– Vale lembrar que todas elas são recicláveis, ou seja, não perdemos nada. Ao contrário, elas diminuem o gasto com compra de matéria-prima de nossa empresa, que com isso demonstra ainda a sua responsabilidade social, contribuindo significativamente para a qualidade do meio ambiente e fonte de renda para catadores de reciclados.

– Entendo, unindo a solução de um problema ecológico com a solução de um problema social, um cancela o outro. Limpa mais o planeta, gerando renda para os catadores e ainda tem lucro. E vocês fazem tudo isso aqui?

– Aqui e em outros lugares. Fizemos parceria com cooperativas de materiais reciclados também, o que ajuda muito no processo. Bem, Cícera, com o decorrer do tempo você aprenderá mais sobre o serviço. Ribamar me disse que você trabalhará aqui e cuidará de fazer contatos para agilizar o processo da logística reversa. Em suma, após o treinamento que receberá, você estará apta a exercer a função para a qual está sendo contratada.

Cícera ficou pensativa. Tudo em sua vida se modificava em grande velocidade: mudança de cidade, viagem, emprego, novos rumos e, agora, logística reversa. De fato, ela já não podia mais retroceder. O único caminho era mesmo prosseguir. O lado positivo é que com a mente ocupada sobraria pouco tempo para a saudade dos familiares que ficaram.

Marcos, percebendo o ar preocupado da garota, convidou-a para um café.

– Que tal tomarmos um café aqui na sala do restaurante?

Ela simplesmente o acompanhou.

Percebendo a ocasião propícia, Marcos aproveitou a oportunidade para conhecer melhor Cícera:

– Você não é mesmo daqui. Pelo sotaque, tento adivinhar que é do Rio Grande do Norte, acertei?

– Exatamente, sou de Mossoró.

Marcos achou estranho o fato de vir a sua mente o Estado do nordestino do qual Cícera viera, bem como a maneira familiar como a via. No entanto, em seu íntimo mais profundo, ainda que abaixo do limiar da consciência, ele sabia que em outra encarnação e com o nome de Herculano, eles se amavam e programaram esta vinda juntos para o renascimento.

– E você, é daqui?

– Ah, sou nascido e criado na capital – respondeu Marcos, para em seguida continuar – meus pais vieram do interior do Estado, conheceram-se aqui e se casaram. Tiveram três filhos, eu sou o caçula. E você?

E, então, Cícera começou:

– Sou filha única e, como disse, vim de Mossoró para estudar e trabalhar aqui. Tenho uma prima que se mudou para cá antes de mim e estou, por enquanto, no apartamento dela. São Paulo sempre exerceu um fascínio diferente em mim. Sinto esta cidade como um imã me atraindo para cá. Por fim, tomei coragem para mudar-me e cá estou.

Marcos perguntou:

– Você disse que se sentia como se um imã a atraísse para cá?

– Isso mesmo, essa cidade, desde que eu era pequena, sempre esteve em meu pensamento. Sinceramente, não foi fácil decidir vir de mudança. Tive que deixar muito de mim lá em Mossoró. Mas, fazer o quê...

Marcos concordou:

– Ninguém pode ter tudo ao mesmo tempo. Ganha-se aqui, perde-se ali e por aí vai. Somos sempre obrigados escolher.

Mostrando que realmente Ribamar não mentia quando falou do comprometimento dos colaboradores,

Marcos denotou a sua responsabilidade com a empresa, dizendo:

– Bom, vamos trabalhar, não é? Serviço é o que não falta.

Cícera mostrou um sorriso de satisfação.

Refletiu que entre ela e Marcos a conversa fluía fácil e naturalmente. Porém, como todos os que reencarnam, ela ignorava que o imã, a que se referiram momentos antes, tratava-se do planejamento reencarnatório que programou para eles nesta existência um reencontro. Restava, entretanto, saber se a programação efetuada no plano espiritual se cumpriria, porquanto, esses planejamentos sofrem, naturalmente, as influências do arbítrio humano. Não obstante ao claro interesse que um sentia pelo outro, Cícera ou Marcos poderiam optar por uma outra pessoa para formarem uma família.

O dia prosseguia agitado para Cícera que, com toda atenção, inteirava-se das atividades que desempenharia na empresa. Marcos, por sua vez, esmerava-se em ensinar para a nova colega, como prometera, tudo que sabia. No entanto, sempre que possível, e sem influir no rendimento do trabalho, tratava delicadamente de indagá-la quanto as seus anseios, sonhos, receios e objetivos.

Almoçaram juntos e continuaram em intensa troca de ideias, e Cícera aprendeu bastante. Após algumas horas, as atividades profissionais foram encerradas e com uma ponta de tristeza ambos se despediram:

– Até amanhã...

– Até...

Emocionada, feliz e com novos sentimentos brotando na alma, Cícera retornou para casa. Não teve qualquer receio em voltar a sós para o apartamento, afinal, o caminho de volta já era conhecido.

Ao chegar ao apartamento, com sorrisos e muitas novidades para contar à prima, Cícera abriu a porta. No entanto, contrastando com a sua alegria, ela encontrou Nazaré cabisbaixa e, não obstante à sua empolgação, não lhe foi difícil perceber o desânimo no semblante da prima. Preocupada, Cícera indagou:

– O que foi prima? Aconteceu algo?

Com voz triste, ela respondeu:

– Sim, Cícera, aconteceu.

Aflita, Cícera interrogou:

– Conte-me, então, o que houve?

– Queria que você chegasse aqui, depois do seu primeiro dia de emprego, e encontrasse um clima feliz, alegre. Aliás, até preparei um jantar especial para comemorarmos. Porém, ao contrário do que deveria ser, estou triste pela notícia que recebi há pouco. Sua mãe entrou em contato para dizer que minha mãe foi internada, hoje pela manhã, em virtude de problema cardíaco.

Cícera na hora ficou branca com o susto da notícia.

Lembrou-se, naquele instante, das palavras da própria tia, que costumava dizer que na vida tudo passa de forma rápida. Poucos minutos atrás, ela exultava de felicidade, porém, mal sabia que uma notícia desagradável a aguardava em sua casa, e questionou:

– E o estado geral dela, qual é?

– É razoável. No entanto, terá que passar por cirurgia em breve. E já ficamos sabendo que é um processo delicado. Os médicos, aliás, informaram a sua mãe que seria interessante transferi-la a um local mais especializado em tratamento cardiológico. Infelizmente, embora nossa vida tenha melhorado, não temos recursos para isso.

Cícera não tinha palavras, apenas abraçou a prima e ficou ali por infindáveis minutos, transmitindo sua solidariedade.

Após algum tempo, pensou na possibilidade da tia não recuperar-se dessa crise da doença. Com esses pensamentos rondando sua mente, adormeceu e sonhou com a tia Marina que, muito bela como de costume, dizia:

– Não se preocupe, Cícera, tudo terminará bem. Jesus, por meio de seus prepostos, já está cuidando de tudo. Ademais, as provações da existência nos fazem crescer. Independentemente das agruras e aflições da Terra, estamos todos evoluindo. O Pai nada faz de inútil e tudo, absolutamente tudo, tem uma razão de ser. Após as palavras de encorajamento proferidas por Marina, ela se despediu, no sonho, da sobrinha com um longo e carinhoso abraço.

No outro dia, Cícera despertou com a sensação real de ter reencontrado a tia, porém, nada comentou com Nazaré. A prima estava pensativa, talvez imaginando alguma forma de trazer a mãe para São Paulo e, por perceber isso, não quis interferir em seus pensamentos. Despediram-se após o café e cada uma tomou seu destino.

Capítulo 14

Solidariedade

Na empresa, embora sem entender como isso acontecia, visto que conhecera a moça no dia anterior, Marcos aguardava Cícera com grande ansiedade. Ele mal dormira a noite com o pensamento fixo nela.

Cícera chegou apreensiva ao trabalho. Por mais que quisesse elevar o moral da prima e mostrar a ela que tudo poderia resolver-se e acabar bem, ela própria ficou abatida.

Como bom observador e, ao mesmo tempo, trazendo na alma registros ainda que inconscientes das vivências anteriores com Cícera, Marcos não tardou a perceber que algo não estava bem com ela. Intrigado, tomou liberdade e questionou:

– O que há com você? Alguma dúvida sobre o trabalho?

– Não... nada com o trabalho.

Marcos, naturalmente querendo aproximar-se dela, continuou seu interrogatório:

– Se não é profissional, certamente é problema pessoal?

Cícera olhou, então, para ele com curiosidade:

– Como sabe que estou com problemas?

– Fácil – respondeu Marcos –, embora tenha conhecido você ontem, tenho uma certeza, lá dentro de mim, que faz muitos anos que nos conhecemos.

Ela, identificando, em si, que também tinha esta certeza, sentiu um frio percorrer a espinha. Um tanto encabulada, afirmou ao colega:

– Eu também sinto a mesma coisa. Parece que conheço você há anos, mas, no entanto, também tenho a certeza de que só nos vimos apenas ontem e hoje.

Cícera e Marcos ignoravam que, não obstante o bloqueio da memória imposta no momento da reencarnação, em outro estado de consciência, suas almas é que se reconheciam.

– Sendo assim, podemos considerar-nos "velhos conhecidos" e, desse modo, acredito que pode confiar em mim e desabafar, Cícera. Se eu puder servir em algo, ficarei feliz em ser útil.

Fragilizada e sentindo-se a vontade por estar em contato com alguém que, mesmo sem saber por que, tinha a certeza de que já conhecia de outras paragens, sentiu-se segura e se abriu:

– Minha tia, em Mossoró, está enfrentando grave enfermidade cardíaca. Necessitamos trazê-la para um centro mais especializado em cardiologia, contudo, nos falta recurso para tal empreitada.

Marcos ficou pensativo e, após alguns instantes, sugeriu à Cícera:

– Converse com Ribamar, quem sabe surge alguma ajuda...

– Não me sentiria bem pedindo isso a Ribamar, afinal, ele e sua esposa Célia foram dois anjos que caíram em minha vida e têm me ajudado tanto que não gostaria de abusar e, também, é apenas meu segundo dia na empresa.

– Cícera, não se acanhe em conversar com Ribamar, ele é uma pessoa extremamente humana, garanto que não só entenderá como irá oferecer todo amparo possível.

– Será que devo? – questionou ela, imersa em inúmeras dúvidas.

– Tenho certeza que sim. Ribamar, aliás, é homem de fácil acesso, no entanto, se você não conseguir contato com ele poderá fazer com sua esposa, Célia, por meio de ligação telefônica.

Sem muitas alternativas por conta da situação da tia, Cícera resolveu arriscar e, seguindo a sua intuição, telefonar para Célia Moraes. Embora não gostasse de abusar da boa vontade dos outros, não tinha opção, e se quisesse ajudar a tia teria que movimentar-se com rapidez. Vacilando um pouco, pediu a Marcos para usar o telefone, no que ele naturalmente consentiu. Telefonou para Célia e agradeceu a ela a imensa ajuda em arranjar-lhe emprego. Muito insegura e com receio de estar abusando, narrou a ela o sério problema de saúde da tia. Do outro lado, Célia ouvia com atenção o seu apelo e, com a lembrança vívida de acontecimentos passados, condoeu-se pela situação de enfermidade que vivia a amiga Marina. Enquanto Cícera falava ao telefone, na memória de Célia aparecia Marina, ajudando as pessoas e, entre elas, a própria Célia. Essa pessoa bondosa e corajosa, indubitavelmente merecia atenção especial por parte dela e de Ribamar. Generosa e extremamente grata, Célia não titubeou e respondeu afirmativamente aos apelos de Cícera. Disse, então, para a jovem que ia providenciar pessoalmente, e o mais rápido possível, a transferência de Marina para o hospital Dante Pazzanese, na capital paulista, especializado em doenças cardíacas. Disse, ainda, para Cícera que junto traria sua mãe e arcaria com todas as despesas. Cícera não acreditava no que ouvia. De fato, Célia era figura ímpar que, definitivamente, não se esquecia do bem que lhe faziam. Para encerrar a conversa e acertar todos os detalhes, Célia se despediu, dizendo:

– Até mais, minha querida, fique tranquila e em paz que tudo dará certo. Dificilmente conseguiremos retribuir o que Marina fez por nós um dia, auxiliá-la nesse momento de enfermidade é o mínimo que podemos fazer.

Após desligar o telefone, Célia continuou lembrando-se dos benefícios que recebera de Marina. Ora, se ela e Ribamar tinham condições financeiras para tanto, por que não fazer? Por que não auxiliar a amiga querida? Recordou-se dos estudos do Evangelho e de que nada neste mundo nos pertence. Somos apenas depositários dos bens divinos, e se hoje, por ventura, desfrutamos de situação financeira privilegiada é justamente para espalharmos o progresso, instruindo e auxiliando, amando e servindo sempre, como recomendou o mestre Jesus. Dinheiro, em seu entendimento e no de Ribamar, era sempre um meio em favor do bem das pessoas e nunca um fim em si mesmo. As riquezas, como também as águas de um rio, devem ser usadas e retornadas ao leito para que, rio abaixo, continue servindo. Acumular incorretamente, impedindo que corra, tanto um como outro, por lei natural, impõe danos a quem faz isso. Assim, por fazer o bem, principalmente a uma pessoa tão querida como Marina, a fez verdadeiramente feliz. Pensando assim, ela concluiu que com toda a certeza Ribamar a apoiaria naquela decisão.

No mesmo instante em que o pensamento de Célia imaginava as providências que tomaria, Cícera, emocionada, segurava as duas mãos de Marcos e, olhando bem nos olhos dele, agradeceu pelo apoio que ele lhe dera naquele momento difícil. Agora, muito aliviada, cuidou logo de telefonar para a prima e contar-lhe a novidade.

Célia se encarregara de tudo, inclusive dos detalhes burocráticos, liberando Cícera para ajustar a sua vida à nova cidade e ao novo trabalho.

Naquela noite, ao chegar em casa, Cícera encontrou Nazaré emocionada com as ótimas notícias que ela lhe dera e com a efetividade das providências. Apesar de ela estar ainda preocupada com a gravidade do estado de saúde da mãe, sentia-se mesmo mais bem disposta, esperançosa e até feliz pela solução desse problema imediato.

Ambas se abraçaram e, emocionadas, fizeram sentida prece a Jesus, agradecendo a evidente intercessão espiritual em favor de Marina. Logo em seguida, animadas, puderam arrumar o pequeno apartamento para receber as novas moradoras que, em breves dias, também estariam na cidade de São Paulo.

Capítulo 15

E a vida continua...

Após alguns dias da conversa entre Cícera e Célia, as irmãs Marina e Anastácia vieram para São Paulo. Elas foram recebidas por Cícera e Nazaré no aeroporto de Cumbica, em Guarulhos. Foram, em seguida, para o hospital, onde deixaram Marina para iniciar seu tratamento. Prosseguiram, então, para o apartamento de Nazaré, prometendo antes a Marina que voltariam logo.

No decorrer do tempo entre as idas e vindas ao hospital, embora estranhando um pouco a intensa movimentação da grande cidade, Anastácia percebeu que tinha superado a adversidade que foi esta grave doença da irmã. Agora se sentia muito bem e otimista. Após uma reflexão, acabou por constatar que esta estabilidade emocional e confiança de que tudo se resolveria foi fruto de sua iniciação no Espiritismo. Assim, e também pela companhia da filha, sua adaptação à nova cidade não foi complicada, e ela estava gostando muito de estar lá. Pessoa acostumada a trabalhar durante toda a sua vida, ficava a todo instante arranjando tarefas para fazer. Enquanto a filha e a sobrinha trabalhavam em suas respectivas empresas,

Anastácia cuidava do apartamento e ainda arrumava um tempo para fazer amizades com a vizinhança. Com o jeito fraterno e carismático que tinha, não tardou conquistar amizades e, por fim, em pouco tempo batendo papos e trocando receitas, formou uma rede de amizade. Daí surgiu a ideia de fazer balas de coco para vender. Como as amigas lhe diziam, era doceira de "mão cheia" e suas balas de coco, ainda que por enquanto na informalidade, em pouquíssimo tempo firmaram a sua marca e ganharam notoriedade. Desta maneira, de contato em contato, de amizade em amizade, conseguia ali, naquela pequena empreitada, ganhar um bom dinheiro para auxiliar nas despesas.

Enquanto isso, Marina prosseguia no tratamento que, com toda a certeza, apoiado pelos protetores espirituais, surtia ótimos resultados, restituindo-lhe, pouco a pouco, a saúde. Receberam, por muitas vezes, a visita de Ribamar e Célia para efetuarem, juntos, o estudo do Evangelho, primeiramente no hospital, depois, no apartamento. Esse valioso exercício, por meio de orações, leituras, água fluidificada e passes, trazia para ela benefícios para o corpo e a todos para a alma, com o aprendizado das notáveis lições do Evangelho de Jesus.

Cícera, por sua vez, demonstrou ser pessoa esforçada e criativa, integrando a grande família que era a Emplanel. Ribamar se surpreendeu com o desempenho dela, constatando isso porque ela demonstrou uma qualidade um tanto rara que é conseguir ótimos resultados aplicando sempre conhecimentos teóricos em problemas práticos. Ela compreendeu agora que os ensinamentos acadêmicos de Administração de Empresas, que aprendera na faculdade, eram importantíssimos, e que o bem administrar era uma ciência e uma arte que hoje exige, de quem a pratica, conhecimento especializado. Assim, pelo grande retorno em produtividade dado por ela a Emplanel, recebeu aumento salarial. Feliz pelo reconhecimento de seu esforço, Cícera, com este aumento, financiou a compra de um carro que, embora não fosse zero quilômetro, estava em bom estado de conservação e facilitava a vida de toda a família.

Cícera prosseguia estimulada em empenhar-se no trabalho na Emplanel. Sempre interessada, relacionava-se bem com todos e era muito criativa. Segundo Ribamar, ela foi, para a empresa, uma grande aquisição em talento humano. Ela estava em uma fase muito boa e tranquila de sua vida, depois de passar pelos momentos estressantes da mudança e a aflição pela enfermidade da tia. Aliás, a fase boa incluía, naturalmente, a amizade com Marcos, que andava de vento em popa, e que já parecia mais, aos olhos de ambos, o que chamamos de namoro. Almoçavam todos os dias juntos e ele, demonstrando sensibilidade, de quando em quando, presenteava Cícera com flores. Ela, por outro lado, sentia-se mais e mais ligada a ele, deixando até transparecer na Empresa, ainda que discretamente, o que um sentia pelo outro. Ribamar não só permitia esta "afetividade" entre ambos, bem como até estimulava, constatando ainda que, desde que Marcos e Cícera se conheceram, tornaram-se também melhores profissionais. Para ele, como responsável pela gestão da empresa, era suficiente, e como amigo de ambos, sentia-se feliz com o relacionamento.

Passando os dias, ambos percebiam que o domingo se tornava o dia mais longo da semana, pois não se viam. Contudo, pelo telefone, compensavam a ausência física e, ainda mais que destituído do compromisso dos afazeres profissionais, dedicavam-se efetivamente em conversarem, mantendo o que para eles era mesmo namoro firme. Mas mesmo após algum tempo, a discrição, por zelo profissional, ainda fazia parte do comportamento de ambos, e nenhum dos dois fora, até então, capaz de declarar oficialmente aos colegas e à família o namoro.

Mas, no entanto, em uma tarde de sexta-feira, Marcos resolveu tomar a iniciativa de convidar Cícera para a festa de aniversário de um amigo. Ela aceitou, percebendo que a partir daí seriam mesmo namorados de verdade. Ele prometeu apanhá-la no sábado, logo no começo da noite.

Naquele dia, Cícera chegou em casa exultante. Reuniu-se com as três e, solenemente, disse para a "galera" familiar a novidade, já que elas sempre acompanhavam com "força de torcida" a sua "paquera":

– Minhas queridas, Marcos me convidou para uma

festa de aniversário neste final de semana. Amanhã ele passará aqui por volta das 19 horas.

– Até que enfim! – exclamou Nazaré.

Anastácia fez graça com a alegria da filha:

– É, tomara mesmo que neste final de semana este rapaz tome coragem e se decida! Isso está parecendo mesmo uma novela...

Marina também deixou seu comentário:

– Aproveite bem esta fase de conquista, de romantismo, minha querida, são as fases boas e geralmente inesquecíveis de todo casal. Você, assim como Nazaré, recebeu excelente educação. Acredito que tudo dará certo.

Mais tarde, enquanto Nazaré ajudava Anastácia com suas balas de coco, Cícera procurou Marina e pediu que a aconselhasse sobre seu namoro. Ela, então, disse-lhe:

– Minha querida, você é para mim como filha, e você sabe disso. Pelo o que eu vou dizer, pode ser que neste seu sonho de moça possa achar que eu seja inoportuna. O que direi agora a você não serão palavras de amor e romantismo, mas já que me pede orientação, digo que tenha cuidado em não antecipar as coisas. Não se precipite, nem se deixe levar pelo que lhe pode aconselhar os seus hormônios. Recordo-me de uma resposta que o saudoso Chico Xavier deu à garota que o questionava sobre o sexo antes do casamento. Chico, em sua sabedoria, respondeu: "Sem amor nada vale a pena, nem sexo, nem casamento". Por isso, minha querida, tome todo o cuidado. Hoje, infelizmente, observo uma total inversão nos valores morais da juventude, Cícera. Já não há mais espaço para a paquera e a conquista. A pressa em aproveitar a vida a todo custo faz com que tudo seja antecipado e o motor impulsivo das paixões substitui a força suave dos sentimentos, na movimentação do carro existencial. Caso seja assim, os prejuízos espirituais de uma precipitação se tornam incalculáveis. Muitas relações são construídas sem os alicerces verdadeiros da afinidade entre os Espíritos imortais que somos. Porém, muitas outras relações são baseadas apenas na atração física, o que é lamentável. Pessoas acabam tomando a séria decisão de formarem famílias movidas apenas pela paixão fugaz e, depois, quando a mesma se acaba, sem afinidades e já com filhos, não raro sobram o adultério e a indiferença de um para com o outro, sem contar o efeito colateral frequente da violência física ou verbal, ou de ambas. A banalização dos relacionamentos, como o relacionamento casual, tão na moda e que, frequentemente, geram filhos não planejados, dão margem à nefasta cogitação que se pode resolver a questão com um aborto provocado. Quem faz isso não percebe, muitas vezes, as graves consequências desse ato. Por isso, querida, aproveite bem essa fase da paquera e do namoro para conhecer aquele com que você pretende, um dia, partilhar a existência terrena. Posso dizer a você que a boa prática da vida ensina que somente após se conhecerem o suficiente é que se deve aceitar uma relação. Relação esta que permitirá a vinda de filhos queridos que aguardam, com certeza, a formação de um ninho afetivo feito por você e por seu par. Assim, esses seres queridos poderão retornar pela via do renascimento a este nosso mundo.

A lúcida exposição de Marina deixou Cícera pensativa. Ela, então, observou:

– Obrigado pelas considerações, tia. Estou mesmo em uma fase muito boa, de aproveitar bem esse momento com Marcos, que considero ser um sonho. O que falou tem para mim grande importância, e sei que a felicidade tem que ser sustentável. Penso que seja isso que me propõe, não é?

– Pois que seja assim então – Marina respondeu.

Naquele momento, Anastácia, atarefada com suas balas de coco, lá da cozinha pediu, bem-humorada, ajuda:

– Hei, chega de prosa e venham ajudar-me com essas balas, pois tenho uma encomenda grande para entregar amanhã.

Nazaré, que a tudo ouvia, disse:

– Eu posso ajudar, tia, mas Cícera, ah, não sei não, ela deve estar no mundo da lua, ou melhor dizendo, no mundo de Marcos.

Então, Cícera, fingindo estar zangada, jogou um papel de bala em Nazaré, e todas riram muito com a inocente brincadeira.

Capítulo 16

Festa de aniversário

Marcos passou todo o dia de sábado ansioso. Olhava repetidamente no relógio, que parecia estar em greve. Tomou um banho demorado e caprichou no barbear. Combinou com elegância as roupas e penteou com todo o cuidado o cabelo. Então, finalmente, e com certa ansiedade, rumou para o apartamento de Cícera. Não queria, entretanto, demonstrar a ela apreensão ou ansiedade. Chegou às imediações da casa de Cícera alguns minutos antes, conforme planejou. Pontualmente, às 19 horas, tocou o interfone do prédio. Acionada remotamente, a porta se abriu e ele subiu até o apartamento. Com a porta aberta, Cícera sorriu. Ao vê-la assim "produzida" Marcos realmente ficou surpreso. Só tinha visto Cícera, até então, no trabalho, e para ele, só como se vestia lá, a moça se mostrava linda. No entanto, agora com aquele visual exuberante, em lindo vestido branco, com cabelos soltos, ombros à mostra e o decote entre o ousado e o discreto... Ele sentiu, de verdade, o coração disparar.

Cícera, incorporando o seu papel neste multimilenar jogo de sedução, inclinou levemente a cabeça e com um gesto delicado abriu mais a porta. Ele entrou na sala do apartamento e foi apresentado a Nazaré, Anastácia e Marina. Disse algumas frases formais e, em seguida, o casal desceu até o carro.

Marcos não falava nada e ainda permaneceu por um tempo mudo, ainda afetado pelo visual de Cícera. Então, ela, que também era parte ativa neste jogo de sedução, estava surpresa em ver Marcos assim, tão diferente da maneira esportiva que se vestia normalmente. Ela comentou, então:

– Você está parecendo outra pessoa... Não imaginava que você tivesse este outro lado tão *fashion*...

Ele agradeceu e devolveu com sinceridade o elogio:

– Você também!

Já com mais naturalidade e sentados no carro, com iniciativa simultânea, deram-se as mãos, olharam-se nos olhos e, em pensamento, o encontro programado há muito se fez real. Conversando durante o trajeto, Marcos disse a ela que fizera reserva em um lugar especial para um jantar dançante, ja que o aniversário fora um pretexto. Disse que assim ela poderia sentir-se realmente na cidade que escolheu, vista do terraço de um dos pontos mais altos, junto à Praça da República.

Já sentados à mesa e, literalmente nas nuvens, ao ouvirem uma música que foi obrigatoriamente romântica, Marcos se levantou e a tomou pela mão. Com alguns passos, já estavam entre os pares dançando em ritmo atual, mas com o tempero inconfundível do som ouvido nos anos sessenta. Nesse momento, a unidade dos pensamentos se estendeu a unidade dos corpos. O ritmo se tornou mais lento e o rosto dele tocou o dela. Eles, então, como não poderiam deixar de ser, olharam-se e a aproximação dos lábios se fez na naturalidade da atração que sentiam, e com olhos fechados se beijaram...

A noite transcorreu com serenidade. Ambos, nesta vida, nunca sentiram nada parecido, e a felicidade cada um via no rosto do outro. Assim, passados dias, a proximidade do casal e o conhecimento que um tinha do outro, evoluiu na escalada afetiva para o relacionamento íntimo.

Capítulo 17

Visita prematura

Passados alguns meses, as coisas haviam se ajeitado na vida delas. Marina se recuperara do problema cardíaco e já se integrara às atividades de um Centro Espírita. Sociável e dona de um magnetismo especial, fez muitos amigos e se adaptou à nova vida na cidade de São Paulo. Alma de muitas vivências conhecia as veredas da vida e os corações das pessoas. Fosse São Paulo ou Mossoró, ela sabia compreender, colaborar, amar e ajudar, respeitando escolhas. Sua autêntica humildade e confiança no amor de Deus transmitiam, aos outros, esperança e fé, o que a situava como uma espécie de mãe ou irmã mais velha em qualquer grupo em que se vinculasse. Conquistou essas qualidades em jornadas evolutivas de muitas reencarnações. Marina adquiriu em sua trajetória de vida verdadeira autoridade moral e intelectual, patrimônio inalienável de seu Espírito. Costumeiramente mantinha contato com os queridos amigos, Célia e Ribamar, que a visitavam para longos e proveitosos bate papos, em que faziam comentários sobre a excelência da Doutrina Espírita e a beleza do Evangelho de Jesus. Nesses encontros com Marina, Célia saia reconfortada e incentivada em continuar seu trabalho de divulgação do Espiritismo por intermédio da atividade realizada com a literatura e os livros espíritas. Já Ribamar, como grande empresário, também se beneficiava, pois aprendia cada vez mais sobre sua responsabilidade em dar boas condições a todos que se relacionassem com a empresa que presidia.

Anastácia, por sua vez, progredira como nunca. A mudança lhe fizera enorme bem e o seu olhar sobre a vida se tornara bem mais amplo. Continuava com sua atividade de confecção de balas de coco, e sua clientela aumentava dia a dia, aliás, até conseguira adquirir novos equipamentos que lhe facilitavam todo o serviço. Também não deixara de lado o estudo da Doutrina Espírita, vinculando-se ao Centro Espírita do qual sua irmã fazia parte.

Nazaré prosseguia firme em seu trabalho no consultório e, estimulada por Cícera, matriculou-se no curso de Administração de Empresas, dando continuidade a seu curso. Nazaré almejava, em futuro não muito distante, ter seu próprio negócio, ser uma empreendedora, pois conhecimentos não lhe faltavam. Aliás, vez por outra, cutucava a tia Anastácia, propondo-lhe sociedade, porquanto, via naquela atividade de produção e venda de balas de coco uma oportunidade para iniciarem uma atividade formalizada e em prédio próprio. A vida já não era mesmo como antes. As coisas haviam se modificado em todos os aspectos. Se há alguns meses vivia sozinha naquela cidade imensa, agora tinha a companhia das pessoas queridas que formavam a sua família. A vida delas também ganhou novos contornos sob o aspecto financeiro e, em breve, poderiam vender as casas que possuíam em Mossoró para juntarem mais algum dinheiro e adquirirem apartamento maior em São Paulo.

Já Cícera estava radiante com seu trabalho. As chances de crescimento pessoal e obviamente o namoro com Marcos iam de vento em popa. Eles se amavam muito e caminhavam gradativamente para cumprirem com êxito o encontro que fora programado na espiritualidade. Este, que foi na verdade um reencontro, não foi conscientemente entendido por eles, porque, como sabemos, existe um bloqueio natural da memória quando do renascimento. Esse bloqueio não lhes permitia que tivessem conhecimento consciente de que quando ainda no plano espiritual, antes de reencarnar, participaram com seus mentores espirituais dessa programação. Foi programado que voltariam à carne, iriam encontrar-se e constituir família.

Certo dia, porém, Cícera acordou com enorme mal-estar e ânsia de vômito. Comentou com a mãe que trabalhava na cozinha:

– Não estou bem, tenho ânsia.

A mãe respondeu:

– Eu sempre lhe avisei, filha, que é preciso cuidar da alimentação. Provavelmente foi algo que você comeu ontem e não lhe fez bem.

– É, mãe, pode ser... Irei tomar um medicamento e ir para o trabalho.

E foi o que fez. Após tomar algo para o estômago, Cícera seguiu para a empresa. No entanto, decorrido algumas horas, o mal-estar ia e voltava. Ela se dirigia constantemente ao banheiro. O dia transcorreu de forma lenta e desagradável. No final do dia, retornou para casa. Ao chegar, recebeu o abraço da mãe e reclamou:

– Estranho, mãe, vomitei o dia inteiro, embora tenha tomado remédio não obtive melhora significativa.

Anastácia, que fazia café para a filha, observou:

– Você está grávida, Cícera?

– Nossa, mãe! Grávida? Não... há, não mesmo...

A mãe, mulher experiente, falou sem rodeios:

– Você tem um namorado, filha, como não sou pessoa de ficar com rodeios posso dizer: se não tomou os devidos cuidados, antecipando as coisas, pode sim estar grávida.

Anastácia ficou um tempo pensativa e, em seguida, disse:

– Acho melhor irmos amanhã ao médico.

Cícera ficou sem reação! Gravidez não estava em seus planos, pelo menos não naquele momento. A mãe, percebendo a situação dela, achou melhor tranquilizá-la:

– Não sofra por antecipação. Marcaremos um horário amanhã, logo cedo, para irmos ao médico e aí teremos certeza do que está acontecendo. De qualquer forma, o que não pode é você ficar desse jeito, passando mal, sem sabermos o que tem de fato.

Anastácia e Cícera resolveram não comentar nada com Nazaré e Marina. Combinaram primeiro ter a certeza do estado de Cícera, e só assim fazer o comunicado correto.

No outro dia, logo cedo, fizeram o que foi combinado. No caminho, Cícera esfregava as mãos no rosto e aflita comentou com a mãe:

– Justo agora que vim para São Paulo e consegui um emprego bom, com chances de crescer, retomei meus estudos e a vida ia caminhando bem, tudo se encaixando, acontece isso... uma gravidez. Tenho tantos sonhos, tantas vontades a realizar antes de ter um filho. Sempre quis aprender, conhecer as coisas. Não que eu não queira, meu coração me diz que um dia terei um filho e que será com Marcos. Eu o amo, mamãe! Mas agora... agora não é o momento ideal.

Ouvindo com atenção a filha, Anastácia rebateu imediatamente com brandura, porém, sem esconder a realidade:

– Minha filha, lembro exatamente, como você me disse na ocasião, das palavras de sua tia a você quando ia iniciar seu namoro com Marcos. Marina, logo em seguida, fez anotações para uma palestra que faria no Centro

Espírita e me deu até o texto por escrito: "Minha querida, você é para mim como filha, e você sabe disso. Pelo o que eu vou dizer, pode ser que neste seu sonho de moça possa achar que eu seja inoportuna. O que direi agora a você não serão palavras de amor e romantismo, mas já que me pede orientação, digo que tenha cuidado em não antecipar as coisas. Não se precipite, nem se deixe levar pelo que lhe pode aconselhar os seus hormônios. Recordo-me de uma resposta que o saudoso Chico Xavier deu à garota que o questionava sobre o sexo antes do casamento. Chico, em sua sabedoria, respondeu:"Sem amor nada vale a pena, nem sexo, nem casamento". Mostrando equilíbrio e bom senso e que havia de fato internalizado os conceitos do Espiritismo, Anastácia prosseguiu:

– Portanto, filha, não reclame de nada, foi uma opção sua. Devemos sempre assumir as consequências por nossas atitudes. Se vocês não planejavam filho neste momento da vida, deviam ter tomado às devidas precauções. Agora recebam esta criança com muito carinho e amor, pois pelo que conhecemos da Doutrina Espírita, assim deve ser. Ademais, se você ama Marcos e ele ama você, creio que isso não será problema. Dificuldades com ou sem filho surgirão, contudo, filhos, conforme aprendemos com o Espiritismo, são compromissos assumidos perante a Divina Providência. São também, como sabemos, bênçãos em nosso caminho.

Cícera, envergonhada, apenas desviou os olhos da mãe.

Já no consultório médico, e após alguns exames de praxe, surge o doutor sorridente com o resultado em mãos:

– Parabéns, mamãe, você está grávida e seu filho tem de 4 a 5 semanas. Cícera, mesmo com certa preparação, recebeu a notícia com um susto. Então, abraçou a mãe e chorou muito.

Anastácia acariciou o rosto da filha, agradeceram ao médico e saíram caladas, imersas em seus pensamentos.

Ao chegarem em casa, Marina ainda não havia saído para as atividades do Centro Espírita e Nazaré estava de folga naquele dia. Coube a Anastácia dar a notícia. Ela, sem rodeios, disse:

– Cícera está grávida!

Nazaré foi abraçar a prima, pois, já antes desta notícia, tinha percebido que Cícera não estava bem. Marina apenas passou as mãos pelos cabelos da sobrinha e a aconselhou a tomar um banho e relaxar.

Foi o que Cícera fez. Aturdida com o fato que a pegara desprevenida. No chuveiro, começou a pensar e chorar ainda mais, pois muitas dúvidas surgiram. Como contar para Marcos? Será que ele receberia bem a notícia de um filho? E se ele a abandonasse? Aflição e angústia ocupavam naqueles instantes o pensamento dela. Todavia, como em outras situações, percebeu como se uma voz interior dissesse que era preciso primeiro acalmar-se. Refletiu, então: "Sem calma a situação só poderá mesmo piorar. O que aconteceu, aconteceu..." Assim sendo, o que lhe restava fazer agora mediante os fatos era mesmo trocar ideias com seus familiares sobre como agir. Isso mesmo! Ao terminar o banho, iria reunir-se com as três e pensar junto com elas. Enxugou o corpo, vestiu-se e pediu à mãe, tia e prima que a ajudasse decidir o que fazer, e questionou:

– E agora, o que faço?

Nazaré, com segurança, respondeu de forma objetiva:

– Avise o pai.

– E se ele não gostar da ideia? – perguntou Cícera.

Nazaré prosseguiu:

– Gostando ou não, ele será pai e isto é fato.

Reticente, perguntou à tia:

– O que faço?

Sempre com calma, porém com voz séria, Marina respondeu:

– Cícera, na minha opinião, o primeiro passo é pensar que o filho que virá é um Espírito que já viveu outras vidas, em outras encarnações. Como você já está na quarta ou quinta semana de gravidez, com certeza ele já está ligado física e espiritualmente a você. Até cientistas e pedagogos, que nem cogitam de reencarnação, admitem que, a partir da concepção, o filho já se liga emocionalmente à mãe, e fatos traumáticos na gravidez afetam emocionalmente a criança que irá nascer, conforme as pesquisas demonstram. Entre estes estudiosos estão Maria Montessori e Thomas Verney. Assim, seus diálogos conosco e com o Marcos devem dar-se considerando a possibilidade de nosso pequeno ser reencarnante, ainda com um pé neste mundo de matéria densa e o outro no mundo espiritual, possa assimilar os sentimentos e emoções contidas nas palavras e atos de quem serão os seus futuros pais ou familiares. Os referidos cientistas dizem, inclusive, que a educação das crianças deve iniciar-se a partir da concepção.

Cícera, um tanto chocada com a resposta da tia, redarguiu:

– Ora, tia, eu preocupada e a senhora me diz, na maior calma do mundo, que devo começar a educar um filho que ainda nem nasceu e que, diga-se de passagem, nem planejado foi.

– Isso mesmo, minha querida – disse Marina, sem ficar afetada com o nervosismo da sobrinha –, comece a educá-lo, pois a educação, como ensinava a educadora Maria Montessori, começa no ventre. Já que novamente pede a nossa opinião... Pelo que consideramos, seria até recomendável, como exercício, a partir de agora acariciar sua barriga e dizer ao seu filho: "Eu te amo, você é muito querido em minha vida! Você é bem vindo".

– Mas tia, eu tinha outros planos antes de ser mãe!

– Cícera, independentemente de seus planos, você e Marcos são adultos e sabiam o que estavam fazendo. Por mais que eu a ame e queira bem a você, não posso eximi-la da responsabilidade para com esse Espírito. Ele com certeza espera desembarcar pelas vias da reencarnação no plano físico e ser recebido como se deve, ou seja, com amor e carinho!

Em seguida, sentido o ambiente um tanto tenso, Marina foi buscar o exemplar de *O Evangelho segundo o Espiritismo* e avisou a todas que faria uma leitura de uma página daquele livro e que, após a mesma, faria uma oração pedindo proteção à Cícera, Marcos e ao Espírito em início do processo de reencarnação. Marina nada comentou, no entanto, que sentiu nitidamente a presença dos amigos espirituais no apartamento. Aquele momento era mesmo importante e deveria ser marcado com a sua oração, acompanhada pelas vibrações amorosas de todos. Em seu pensamento, desenhou-se um quadro em que Marina percebia que o Espírito reencarnante no ventre da sobrinha se tratava de alguém que, no passado, estava ligado a Marcos e Cícera por graves compromissos cármicos.

Marina, então, abriu o Evangelho no seguinte capítulo: "Ninguém pode ver o reino de Deus se não nascer de novo", e fez a leitura da questão e resposta pertinente ao tema: Necessidade da encarnação.

"25. É um castigo a encarnação e somente os Espíritos culpados estão sujeitos a sofrê-la?

A passagem dos Espíritos pela vida corporal é necessária para que eles possam cumprir, por meio de uma ação material, os desígnios cuja execução Deus lhes confia. É-lhes necessária, a bem deles, visto que a atividade que são obrigados a exercer lhes auxilia o desenvolvimento da inteligência. Sendo soberanamente justo, Deus tem de distribuir tudo igualmente por todos os seus filhos; assim é que estabeleceu para todos o mesmo ponto de partida, a mesma aptidão, as mesmas obrigações a cumprir e a mesma liberdade de proceder. Qualquer privilégio seria uma preferência, uma injustiça. Mas, a encarnação para todos os Espíritos, é apenas um estado transitório. É uma tarefa que Deus lhes impõe, quando iniciam a vida, como primeira experiência do uso que farão do livre-arbítrio. Os que desempenham com zelo essa tarefa transpõem rapidamente e menos penosamente os primeiros graus da iniciação e mais cedo gozam do fruto de seus labores. Os que, ao contrário, usam mal da liberdade que Deus lhes concede retardam a sua marcha e, tal seja a obstinação que demonstrem, podem prolongar indefinidamente a necessidade da reencarnação e é quando se torna um castigo. (S. Luís – Paris, 1859).

– Como você vê, minha querida, a reencarnação é uma necessidade de todos nós, Espíritos caminhantes na senda infinita dos tempos em trânsito pela Terra, e que vestimos pelo renascimento um traje de carne. O fato de terem antecipado o tempo dessa gravidez não anula, em hipótese alguma, a necessidade que esse Espírito tem de cumprir o imperativo biológico de renascer.

Após as explicações, Marina proferiu uma prece. As vibrações emanadas por suas palavras, encontrando ressonância nos presentes, elevaram-se aos níveis altos da espiritualidade, fazendo de lá emanar fluidos sutis que revestiram o ambiente da paz das altas esferas. Toda a família, inclusive o futuro filho de Marcos e Cícera, presente como Espírito em processo de reencarnação, sentiram-se imersos naquela paz que o Mestre de Nazaré anunciava aos apóstolos. Cícera, sentindo-se bem mais calma pela absorção dos fluidos benéficos, pediu mentalmente a Deus e a seu protetor espiritual que a inspirasse para quando fosse conversar com Marcos sobre a gravidez.

Capítulo 18

Conversa com Marcos

Cícera chegou mais tarde na empresa por ter passado em um laboratório onde colheu sangue para os exames de rotina solicitados pelo médico. No caminho para o trabalho foi pensando a melhor maneira de dar a Marcos a notícia de que seria pai. No entanto, sentia um pressentimento de que algo não estaria bem. Não obstante sentir ser ele a pessoa amada que sempre soubera que um dia encontraria, algo lhe dizia que a notícia da paternidade não seria bem recebida. Aí estava, pois, o motivo de que desde que cogitara estar grávida: não se sentia como imaginava sentir-se quando fosse ser mãe. Cícera admitia agora, para si mesma, que estava muita insegura. Marcos era pessoa de muitas qualidades, todavia, ela não tinha a certeza se ele estaria preparado para ser pai, principalmente em um relacionamento que começara há poucos meses. Talvez ele pensasse que ela tivesse provocado a situação, engravidando de propósito, para forçar um casamento.

A verdade é que nem ela mesma tinha certeza do que queria. Embora estivesse mais calma após conversar com os familiares, a sua cabeça ainda estava em torvelinho, e muitas dúvidas a assombravam.

Chegou ao local de trabalho e cumprimentou os colegas que encontrou, dirigindo-se, em seguida, ao seu setor. Marcos a aguardava preocupado, porquanto ela avisara apenas que iria ao médico no dia anterior, mas depois disso não dera qualquer retorno. Ao vê-la, ele veio em sua direção e questionou:

– O que houve? Você disse ontem que apenas iria ao médico e agora chegou mais tarde. Além disso, passou todo o dia ontem com mal-estar. Fiquei preocupado.

– Marcos, precisamos conversar, mas não dá para ser agora.

– Fiquei curioso, Cícera, o que aconteceu?

– Marcos, agora não posso falar. Tenho muito serviço e, devido a minha ida ao laboratório para exames, restou-me pouco tempo para terminar tarefas importantes. No nosso horário de almoço conversaremos.

A contragosto, ele consentiu. Todavia, a parte da manhã que ainda restava antes da conversa que teriam parecia arrastar-se, tanto para ele, quanto para ela.

Afinal, chegado o horário do almoço, saíram em direção ao refeitório. Marcos, ansioso, questionou:

– O que precisa falar-me e o que houve com você?

Cícera não fez rodeios e foi direto ao ponto:

– Estou grávida!

Ele não compreendeu:

– O que você disse?

– Disse que estou grávida, Marcos – respondeu ela.

Ele ficou totalmente atônito. Caso uma bomba tivesse explodido ali, o resultado não seria mais devastador. Gaguejando, e falando baixo perguntou:

– Te... Tem certeza? Mas... Mas como?

– Acho que não preciso responder como, Marcos.

– Cícera, o que faremos? Somos novos ainda. Começamos o namoro outro dia mesmo. Tenho sonhos, planos e outras ideias para a minha vida. Gosto de você, ou melhor, tenho a certeza de que você é a mulher que escolhi para estar junto por toda a existência. A nossa relação afetiva e profissional é ótima, mas... um filho... não, não está mesmo nos meus planos um filho agora, Cícera.

– Nos meus planos também não, Marcos. Mas fui ao médico hoje e ele informou que estou entre a quarta e a quinta semana de gravidez.

Cícera olhou para ele e, muito assustada, viu acontecer uma transformação. Entre nervoso e irritado, logo começou a culpar a moça:

– Mas você não se prevenia?

Ela rebateu na mesma moeda:

– Você também não.

– A culpa é sua, Cícera!

– Sua também, Marcos, afinal, somos namorados e temos responsabilidade igual.

Marcos tentou colocar as ideias em ordem. Respirou fundo por alguns minutos e percebeu que qualquer discussão seria inútil. Sabia até pela experiência profissional que são em momentos como estes que se deve exercitar a prevalência do lado racional sobre o emocional. Assim, ficou um tempo calado e sem mais nem menos veio a ideia nefasta: "aborto!" – pensou ele. "– Sim, isso mesmo. Cícera iria abortar, afinal, cinco semanas não representam quase nada. E se o filho não constava como sonho imediato de nenhum deles, por que não abortar?" Marcos se percebia diferente. Mas, pela conveniência, nem quis cogitar de alternativas e muito menos que sofria, além disso, influências externas ao seu pensamento. Então, desviando o pensamento de suas motivações, passou a engendrar uma estratégia para convencer Cícera. Se fosse com calma certamente a convenceria a abortar. Portanto, não poderia entrar em conflito imediato com ela. Se fazia importante agradá-la e dar todo apoio, mostrar-se ao lado dela para, então, induzi-la ao ato. Contemporizou:

– Tudo bem, tudo bem... Culpa nossa, culpa nossa! Mas, o que faremos? – e a abraçou, transmitindo-lhe confiança.

Ela respondeu confusa:

– Sinceramente não sei o que fazer. Sabe, também penso como você, somos novos ainda para assumirmos tamanha responsabilidade.

- Você comentou com alguém, Cícera?

- Sim, com a minha família!

- Droga! - irritou-se ele.

Cícera disse:

- Nada escondo deles, Marcos.

- Mas o assunto em questão diz respeito a nós dois. Somos adultos e temos o direito de decidir sem interferências.

- Ninguém irá interferir nisso, Marcos.

Marcos notou que a situação estava mesmo fugindo ao controle e isso, para ele, era um sinal de fraqueza que detestava sentir. Necessitava encontrar uma solução de fazer com que Cícera não tivesse o filho. Sua cabeça até começou a doer e ele perdeu o apetite. Necessitava ir para casa e analisar melhor a situação e, assim, de cabeça mais tranquila, voltar a conversar com a namorada. Calou-se e pediu dispensa do serviço por aquela tarde. Alegou mal-estar. Ninguém disse nada, porquanto Marcos nunca faltava ao trabalho ou saia antes da hora. Cícera resolveu respeitar o silêncio do namorado e também se calou. Naquele dia não mais se falaram e ela retornou para o apartamento, desolada e sem mesmo saber o que fazer.

Capítulo 19

No outro dia

O dia amanheceu belo na cidade de São Paulo. O sol brilhava e a temperatura era amena. O semblante de Marcos, como nunca houvera acontecido, contrastava com a luz da manhã, pois seu aspecto era sombrio. Visto do plano espiritual, por conta de seus pensamentos tenebrosos acerca do filho que Cícera esperava, entidades infelizes, de grande inteligência e pouca moralidade, conectadas a Marcos, exercitavam os seus conhecimentos profundos de psicologia, alimentando a ideia originada nele de levar Cícera a interromper a gravidez. Sumir das responsabilidades foi uma de suas ideias, porém, transformar esta ideia simples entre outras como a única saída para a situação e convencer Marcos disto, foi obra das entidades perversas que se ligaram a ele. Passara a noite em claro arquitetando o plano sinistro de sugerir à Cícera a violência de retirar do ventre seu próprio filho. Marcos, como demonstrou, não era má pessoa. Todavia, crescera sem vínculos mais permanentes com os valores descritos nos Evangelhos de Jesus. Por isso, além de ele mesmo não dar o valor necessário às virtudes, tornava-se presa fácil de entidades infelizes do além que turvavam seus olhos e o levavam adiante em seu despropósito.

Chegou ao trabalho e logo se encontrou com a namorada, pois, como sabemos, trabalhavam no mesmo setor. Abraçou-a e disse que chegara a uma conclusão que seria boa para todos e disse:

– Passei a noite em claro, Cícera, pensando na ideia de ser pai e, sinceramente, não vejo a menor possibilidade disso acontecer neste momento. Amo você, porém, ainda somos novos e acredito que prejudicaríamos a nossa vida e o nosso namoro se tivéssemos este filho agora. Você precisa continuar seus estudos, que é o seu sonho, e um filho dificultaria tudo agora.

Desanimada, ela apenas balbuciou:

– Mas, Marcos...

Ele prosseguiu:

– Você ainda está na quinta semana, é quase nada. Nem podemos dizer que já é um ser humano. Conheço uns amigos que conseguirão o medicamento que a farão interromper esta gravidez. Fique tranquila, é tudo muito seguro. Continuaremos namorando, curtindo nosso tempo. Poderemos viajar e, no futuro, planejaremos a nossa família. Pense bem, Cícera, não vamos estragar nossa vida por um descuido que tivemos.

– Não sei, Marcos, não sei... Fui criada dentro de valores cristãos. Atualmente, somos espíritas e, no meu entendimento, fazer este aborto é um crime contra as leis de Deus...

Com a visão desfocada da vida, ele afirmou:

– Ora, crime é prejudicar os outros, roubar, matar...

– Estaremos matando nosso filho, Marcos!

– Não diga isso, Cícera! Tem apenas cinco semanas.

– Sinceramente eu não sei. Também acho que um filho neste momento não seria conveniente, mas o aborto é contra os meus princípios.

Aproveitando o vacilo e a insegurança da jovem, Marcos a abraçou e acariciou seus cabelos, pedindo:

– Vamos, amor, vamos resolver isso da melhor forma possível.

– Mas e minha família, eles jamais concordarão com isso!

– Parecerá que foi um aborto espontâneo, fique tranquila, confie em mim.

Cícera se calou, imersa em dúvidas e questionamentos. O que o namorado pedia ia totalmente contra os seus princípios. Todavia, aproveitando sua fraqueza naquele momento, as mesmas entidades infelizes que influenciavam Marcos passaram a influenciá-la também, criando uma bela tela mental, sugerindo que o aborto seria a melhor saída. Vemos, assim, que a capacidade das entidades espirituais mal intencionadas de potencializar as ideias infelizes que todos temos, remetem-nos à orientação de Jesus de orar e vigiar. A audácia desses Espíritos infelizes mostra que todos, sem exceção e independentemente de crença ou criação, devem mesmo orar pedindo proteção ao Mais Alto e vigiar suas escolhas para não entrar em desvios existenciais que conduzem sempre a atoleiros e armadilhas. Como a Terra é um planeta de provas e expiações, aqui não existem Espíritos perfeitos, e pouquíssimos são os de alta hierarquia moral, por isso, a oração e a vigilância são fundamentais. Cícera, não obstante seus princípios e o apoio que a família lhe daria para a criação do bebê, deixava-se levar pela sugestão infeliz de Marcos, que desavisado quanto às questões espirituais, arquitetava a expulsão do próprio filho do ventre materno.

– Preciso de um tempo para pensar, estou confusa Marcos. Toda essa história está deixando-me extremamente insegura. De um lado meus valores, de outro lado você que eu amo, prometendo-me que iremos aproveitar nosso namoro e no futuro nos casarmos. Não sei o que fazer.

– Pense, pense bem, meu amor. Para termos os filhos, nós temos todo o tempo do mundo, aliás, não teremos apenas um, mas dois, três, enfim, quantos você quiser. O que não podemos fazer é antecipar as coisas, recebendo um filho sem uma estrutura adequada. Primeiro é preciso planejar.

A ideia do aborto já ganhava corpo na mente dela. Talvez Marcos estivesse com a razão. Seria melhor abortar e planejar melhor a família. No entanto, no pensamento de Cícera o conflito permanecia. Era como nas histórias infantis: de um lado o anjo bom e do outro o anjo mau no estereótipo do maniqueísmo que, no entanto, fundamenta-se em realidade. Agimos por decisões nossas e, como nos ensinam os mentores da codificação, baseados na lei divina escrita em nossas consciências. A essas cogitações próprias, somam-se as sugestões mentais de entidades espirituais de valores e pensamento de mesma sintonia. No entanto, a fé de Cícera era ainda vacilante e frágil. Então, ela num impulso, resolveu decidir sem mais reflexões, cedendo à pressão de Marcos.

– Você tem razão... Faremos o aborto, pode conseguir as pílulas. Após a ação das mesmas, ficará parecendo que foi um aborto espontâneo.

Cícera notou que ao ouvir a sua proposta, a expressão de Marcos denotava um estranho sorriso malicioso. O que eles não percebiam mesmo era que, na outra esfera da vida, a legião de Espíritos mal intencionados vibrava com a triste decisão do casal. A vitória deles seria a de impedir a reencarnação deste filho que, quando adulto, teria por tarefa importante trabalho no bem.

Capítulo 20

Conselhos de Marina

Cícera, embora se livrasse da dúvida optando pelo aborto, não se encontrava em paz. Os registros íntimos da lei natural de proteção à vida, em sua consciência, colocavam a moça em estado de intranquilidade. Tinha, ainda que de maneira não muito clara, a ciência de que lesaria as leis divinas. Porém, queria ficar ao lado do namorado. Naquela noite, chegou triste ao apartamento, cumprimentou mãe, tia e prima, e se deitou, dando a velha desculpa do cansaço. Marina e Anastácia saíram para as atividades do Centro Espírita e Nazaré ficou estudando para as provas que se avizinhavam. As irmãs pediram à Nazaré que não descuidasse de Cícera, em virtude de seu estado e gravidez.

No Centro Espírita, na reunião mediúnica da qual Marina fazia parte, os mentores espirituais dos trabalhos avisaram Marina para que ficasse atenta com relação à Cícera e ao seu estado. Estes protetores espirituais não deram maiores esclarecimentos por respeito ao livre-arbítrio do casal. Após o fim dos trabalhos, as irmãs se encontraram, e Marina comentou a recomendação do

Espírito com Anastácia e elas saíram pensativas do Centro Espírita. Afinal, aparentemente não havia razão para preocupação, porém, Marina tratou de ficar alerta. Ao entrarem no apartamento, Nazaré ainda estudava e Cícera, sentada na cozinha, tomava um copo de leite.

Marina perguntou a ela:

– Tudo bem?

– Tudo ótimo, tia – disfarçou Cícera.

Intuída pela espiritualidade, Marina começou a conversar com a sobrinha, explicando a responsabilidade de receber um Espírito que reencarna na Terra para cumprir os desígnios de evolução traçados pelo Criador. Marina se fundamentou em *O Livro dos Espíritos*, que na questão de número 208 explica que os pais têm uma responsabilidade muito grande perante os filhos e por sua educação. Com grande conhecimento do Espiritismo e também com grande experiência de vida, Marina cogitou das possíveis intenções de Cícera e, por isso, começou a discorrer sobre o aborto e suas nefastas consequências. Comentou com a sobrinha sobre a necessidade da encarnação para a evolução do Espírito. Falou que, muitas vezes, a reencarnação é precedida por um preparo no qual, durante o sono do corpo físico, os pais, em desdobramento, encontram-se e desenvolvem afinidade com o futuro filho. Desdobrados, ou seja, em Espírito e fora do corpo, os pais prometem receber o filho em um lar onde será educado com amor e carinho. Acordando, os pais não se lembram, conscientemente, do ocorrido, devido ao sono do corpo físico. Explicou que, por isso, interromper a gestação é não cumprir compromissos de afetividade com alguém que, iniciado o processo do reencarne, estaria confiante em ser recebido, com muito amor por seus futuros pais.

Após essas considerações, Cícera, admirada, questionou a tia:

– Por que você está dizendo para mim essas coisas?

Marina sentiu que a sobrinha dissimulava o que realmente lhe ia à alma e, a exemplo da Espiritualidade Maior, respeitou as escolhas de Cícera, entendendo que cada um tem o direito de escolha de seus caminhos nas sendas da vida. Então, falou:

– Por nada, por nada. É apenas um bate papo que estou tendo com você.

Cícera, que não tinha assimilado o ensinamento da tia, ficou pensativa: "Será que Marina, de algum modo, descobrira algo sobre suas intenções?" Estranha aquela conversa, muito estranha.

Entretanto, ela se recusava a pensar e analisar a situação sob a ótica da moral do Cristo. Para tentar silenciar a voz da consciência, lembrou-se das palavras do namorado de que teriam todo tempo do mundo para planejarem a família. Despediu-se da tia com um beijo em sua face e foi deitar-se, pois, definitivamente o cansaço a apanhara de jeito.

Capítulo 21

Lamentável atitude

Em sua infinita bondade, Deus proporciona a cada um de seus filhos o livre-arbítrio. Temos todos nós o direito de decidir sobre nosso próprio destino. Contudo, como o apóstolo Paulo registrou, em sua carta aos gálatas, a semeadura é livre, porém, a colheita é obrigatória. Somos, portanto, responsáveis pelas nossas ações. Caso alguém aja de modo inconsequente, estará, assim, automaticamente programando situações futuras em registros de seus corpos espirituais. Essas programações o farão obrigatoriamente resgatar seus débitos, trabalhando a serviço do bem. Caso recuse essa forma de pagamento, o aguilhão da dor virá automaticamente para trazer-lhe reflexões que facilitarão a sua integração na ordem explicitada nas virtudes evangélicas.

Assim, fazendo uso do livre-arbítrio foi que, naquela manhã, Cícera e Marcos se encontraram na empresa, abraçaram-se como de costume e ele indagou à namorada:

– Preparada?

Ela estremeceu, no entanto, em sua concepção era tarde demais para retroceder. Respondeu vacilante:

– Preparada...

– Consegui com uns amigos os comprimidos abortivos. Você deverá tomá-los à noite. Certifiquei-me se não teria riscos e eles me garantiram que não.

– Você tem certeza disto, Marcos?

– Absoluta! Manterei contato com você durante a noite toda para vermos se tudo dará certo.

Cícera pegou os comprimidos da mão do namorado e se calou. Naquela tarde não disse mais nada e pouco conseguiu trabalhar. Marcos buscava ser amável, puxando conversa e procurando tranquilizá-la, fazendo promessas de que ficariam juntos sempre. Em realidade, ele pensava mesmo dessa forma. Sua intenção era, de fato, constituir família com Cícera, enfim, tê-la como companheira, porém, em seu entendimento, ter um filho agora era mesmo um absurdo. "Somos jovens demais", pensava ele. No futuro teremos nossa prole. Até lá estaremos mais maduros e, óbvio, poderemos dar mais amor a eles. Mas agora não é o momento.

A noite, ao chegar em casa, Cícera encontrou sua mãe, tia e prima conversando sobre amenidades. Cumprimentou e beijou cada uma e seguiu para o quarto. A mãe comentou:

– Desde ontem que Cícera está esquisita. Será que aconteceu alguma coisa?

– Vá até lá e veja se ela está precisando de algo – pediu Marina.

E Anastácia foi verificar o que ocorria com a filha:

- Tudo bem, Cícera?

– Tudo bem, mãe, tudo bem... – respondeu, desejando mesmo logo ficar sozinha – estou apenas um pouco cansada.

- Caso não esteja muito bem, posso ir com você ao médico amanhã.

- Não mãe, não precisa preocupar-se comigo, estou bem, apenas um pouco cansada.

Anastácia resolveu deixá-la só e voltou para junto de Nazaré e Marina. A prima questionou:

- O que ela tem, tia?

- Disse que nada, apenas cansaço.

- É, pode ser, concordou Nazaré.

Após este bate-papo em família, quando o relógio mostrava 22 horas elas se cumprimentaram desejando uma boa noite e se recolheram.

Ao perceber que todas dormiam, Cícera programou o alarme do seu telefone celular para despertar às duas horas da madrugada, que seria a hora ideal de tomar a medicação que provocaria contrações no útero expulsando o embrião. Em seguida, deitou-se e, ao contrário do que esperava, logo estava dormindo. Já nas etapas mais profundas do sono, Cícera se desprendeu, em Espírito, de seu corpo físico que permanecia no leito. Agora, em desdobramento, olhou e viu a seu lado um vulto que ela logo identificou como sendo a do Espírito que estava se encarnando como seu filho. Em conexão mental com ele, regrediu a sua memória espontaneamente a um tempo que ela imaginou ser o século XVII, em Portugal. Alfredo, este era o nome dele, foi outra vez seu filho naquela encarnação passada. Ele fora abandonado por ela, que se foi com um primo, deixando Alfredo e o pai dele, seu marido, em situação de profundo sofrimento. Cícera se viu depois, ainda em regressão de memória, abandonada pelo primo. Em uma terceira vivência passada, em que ela e Marcos, com o nome de Herculano, foram casados. Eles eram pais de Paulo, que foi um cientista que fez mau uso do conhecimento e que tinha desenvolvido, no século XIX, um potente veneno usado como arma química que atuava no sistema nervoso. Já no plano espiritual, a imagem projetada em sua mente foi a de que ela pedia perdão ao filho e ao marido do século XVII. Ela foi perdoada por eles e se comprometia em recebê-los como filhos, casando-se com Marcos, que seria o pai. Neste momento, a consciência de Cícera gerou nela um profundo sofrimento por perceber que estava comprometendo-se muito mais no erro e perdendo a oportunidade extraordinária da maternidade que, pelo amor, cobriria a multidão de pecados, como nos disse o apóstolo Pedro, em sua carta. Neste momento, os olhares de Cícera e de Paulo se cruzaram e, assim, ela percebeu o quanto o amava e como o queria como filho querido. No entanto, a rejeição, pela segunda vez por Cícera, o enlouqueceu, fazendo com que, revoltado, recusasse a reencarnação. O corpo de Cícera registrou essa rejeição com contrações no útero, seguida de sangramento. Ela, neste momento, percebeu-se desperta em sua cama. Abriu os olhos e, com grande sobressalto, viu uma grande mancha de sangue no lençol. Não conseguiu, então, conter o grito angustiado que pareceu soar muito mais alto, rompendo o silêncio daquela noite.

Nazaré foi a primeira a acordar e ver a prima fora de si, gritando e com as mãos na cabeça. Em seguida, chegaram Marina e Anastácia. Nazaré rapidamente foi ao telefone e chamou pela ambulância. Passado algum tempo, os profissionais da saúde a transportaram para o hospital. Em seguida, as três trocaram as roupas e seguiram também para lá. Em casa, o celular de Cícera tocava ininterruptamente. Era Marcos querendo saber se ela havia ingerido as pílulas.

As horas se passaram. Nazaré, Marina e Anastácia observavam com ansiedade o entra e sai de médicos e nenhuma notícia do estado de saúde de Cícera. Anastácia, que já estava beirando o desespero, ouviu da irmã:

– O melhor a fazer, nessas horas, é orar. Em momentos assim é que devemos exercitar tudo o que aprendemos em palestras, livros e conversas, pois é para isso que nos preparamos.

E ali, naquele saguão de hospital, as três, que eram caminhantes de muitas jornadas, ligaram-se em prece pedindo a Deus que o seu amor se fizesse em saúde para Cícera e para seu futuro bebê.

Naquele mesmo horário, Marcos, inquieto, andava de um lado para outro em sua casa. Estava preocupado, pois Cícera não atendia ao telefone. Decidiu rumar para a casa da namorada, pois o seu pressentimento não era bom. Em sua mente questionava: "– Será que aconteceu algo com ela? Ah, se aconteceu algo por conta disto eu não me perdoarei". Neste momento, sua consciência estava fazendo com que percebesse, por esta via de sofrimento, sua responsabilidade no que ele e Cícera estavam fazendo. Ao chegar ao prédio onde Cícera residia, foi informado pelo porteiro que ela saíra em uma ambulância. Desesperou-se e, levando ambas as mãos ao rosto, chorou muito. Arrependido profundamente, perguntava-se: "– Por que comprara aqueles malditos comprimidos? Por que não assumira simplesmente e com alegria a vinda do filho?" O porteiro disse a ele o nome do hospital que tinha visto escrito na ambulância. Então, saiu em disparada. Chegando lá, foi direto a recepção e viu os familiares de Cícera, com quem ele tinha tido pouca convivência. Foi até onde estavam, cumprimentaram-se e Nazaré o questionou:

– Marcos, você sabe se tudo estava bem com Cícera?

Nos últimos dois dias ela dizia sempre que estava muito cansada. Ficava também muito quieta e, nesta noite, de repente, começou com sangramentos e, em seguida, teve uma crise nervosa.

Pego de surpresa pelo questionamento, Marcos nada respondeu e expressou, no rosto, toda a tristeza que sentia. Em seus olhos, brotaram novamente as lágrimas, provocadas pela angústia, devido à percepção do resultado de sua inconsequência. No entanto, quando ia responder a pergunta de Marina, a porta do corredor se abriu rapidamente e todos olharam para o médico, que trazia notícias sobre o estado de saúde de Cícera. Ele, aproximando, explicou:

– Ela está grávida e, pelo que posso dizer, passou por grande estresse, o que lhe gerou uma crise nervosa. Paralelo a isso, acredito que algum distúrbio físico, ainda a ser pesquisado, provocou as contrações e o sangramento. No entanto, ela agora passa bem e a boa notícia é que com o embrião, segundo os exames de ultrassom, está tudo bem. No entanto, ela deve permanecer em absoluto repouso. Não há mais sangramento, mas hoje ela ainda ficará aqui no hospital em observação. No entanto, amanhã, tudo correndo bem, deverá ter alta. Contudo, quando for para casa, deverá fazer o máximo de repouso para manter a gravidez.

Todos respiraram aliviados, inclusive Marcos.

Marina tomou a frente e o indagou incisiva:

– Você sabe se aconteceu mais alguma coisa com Cícera, Marcos?

Marcos não teve como negar. Relatou a elas toda a verdade, desde a conversa que teve com Cícera, das promessas de terem uma família no futuro e tudo mais que haviam conversado ultimamente, o que culminou com a fracassada tentativa de pôr fim à gravidez de Cícera. Pediu, ainda, para avisar ao médico o nome do medicamento que, se mantida a gravidez, poderia afetar o embrião. Neste momento, o médico voltou e disse a Marcos que Cícera tinha pedido para avisar a ele que ela não tinha tomado o medicamento que dissera a ele que tomaria. Todos ficaram mesmo aliviados.

Marina, então, mentalmente agradeceu a Deus por esta ajuda na condução dos acontecimentos.

Marcos, o mais aliviado de todos, envergonhara-se profundamente de sua atitude. No entanto, aqueles momentos de dor e desespero, bem como a angustia por estar prestes a perder a mulher que amava, mudou a sua maneira de pensar. Consciente de que foi mesmo irresponsável, entendeu que na vida existem outros valores a serem buscados. A dor, como reconheceu, foi mesmo um autêntico choque em sua alma. No entanto, esta mesma dor colocou o carro existencial dele, assim como o de Cícera, nos trilhos.

Anastácia e Nazaré, ainda aturdidas, não acreditavam que Cícera estivera prestes a cometer um erro sem tamanho como este. Anastácia comentou:

– Como pôde Cícera, criada dentro da educação cristã que eu e seu pai lhe transmitimos, fazer isto? Aliás, de uns tempos para cá ela, assim como eu, conhecíamos a Doutrina Espírita e sabíamos as consequências que o aborto pode trazer. Como ela pôde fazer isso?

Foi Marina quem explicou:

– Neste nosso mundo, minha irmã, excluindo pessoas como Francisco Cândido Xavier, Irmã Dulce e outros Espíritos missionários, os que sobram são todos colegas nesta nossa escola planetária de vida. Até aqueles que seguiam o Cristo também sucumbiram por conta de suas fraquezas morais. Pedro negou Jesus, Judas o entregou, Paulo, antes Saulo, o perseguiu. No entanto, todos foram capazes de dar a volta por cima e servir ao mestre, inclusive Judas que, segundo informações dadas pelos mentores espirituais, nas reencarnações que se sucederam, teve a chance de redimir-se, praticando o bem. Mesmo aqueles que estudam e conhecem teoricamente e até ensinam o Evangelho, muitas vezes, fracassam. Temos entre eles o próprio apóstolo Pedro, que foi grande exemplo de fazer a reciclagem da transformação do fracasso em sabedoria. Na didática da escola vivencial, o erro é o instrumento pedagógico de maior valor. A partir dele, aceito com a humildade do nosso reconhecimento e com a fé em nós e na ajuda espiritual, podemos refazer nosso caminho tendo por meta a perfeição e por recompensa a aquisição progressiva da paz e da felicidade. Não há erro irreparável nesta vida, e sempre há oportunidade de recomeçar. O Espiritismo nos ensina que nada nos afasta irremediavelmente do domínio definido na extensão do amor de Deus. Cícera, bem como você, Marcos, a partir desta experiência poderão recomeçar a construção do berço afetivo em que receberão seus filhos. No entanto, como sabemos, orar e vigiar são práticas efetivas que evitam sintonia com entidades que ainda se posicionam em estágios evolutivos em que o mal predomina em proporção maior. Diz Allan Kardec que se reconhece o verdadeiro espírita pelos esforços empreendidos para domar as más inclinações. Embora você, Marcos, não seja espírita, pode, dentro dos princípios cristãos em que foi educado, empreender esforços visando aos objetivos expostos.

Marcos nunca ouvira nada igual. As palavras de profundo conhecimento de Marina, ainda mais inspiradas pelos protetores espirituais, como sementes de bons frutos, encontraram terra fértil no coração dele. Que força tinha aquela mulher que mesmo em momento delicado como aquele, conseguia ensinar amorosamente sem acusar. Ao invés de rebaixar ele e Cícera, pela atitude desprezível que tiveram, ela os convocava amorosamente a reconsiderar os seus valores. Emocionado e, quebrando condicionamentos culturais machistas que definem que homem não chora, novamente se rendeu às emoções e chorou. Era o choro do filho pródigo que abraçava o pai que lhe recebeu com festa, mesmo sabendo de todo o enorme erro que cometera. Emoções por ver que Cícera estava viva e o aborto não consumado. Marcos estava profundamente impressionado com a estatura moral de Marina. Precisava aproximar-se mais daquela mulher que emanava enorme força espiritual. Decidiu, a partir daquele momento, renovar o seu projeto de vida. Procuraria, de agora em diante, estudar e incorporar em seus pensamentos, palavras e atos os valores do Evangelho de Jesus. Coerente com esta sua decisão, não arredou os pés do hospital um só segundo, cuidando de Cícera e conversando muito com ela que, também, com o acontecido, tinha chegado às mesmas conclusões que ele. Após a saída do hospital, Marcos e ela informaram a Marina, Anastácia e Nazaré da disposição deles de formar uma família, fundamentada no evangelho explicado à luz do Espiritismo. Disse que, para eles, o carinho e o amor dedicado a este filho que viria seria intenso na proporção de compensar o início desacertado de até então.

Capítulo 22

Resoluções

Cícera e Marcos resolveram levar a sério o relacionamento e a gravidez. Alguns meses após, aconteceu o casamento, cujos padrinhos civis foram Célia Moraes e Ribamar. As empresas de Ribamar iam de vento em popa e as atividades de Célia, na divulgação da literatura espírita, ganhavam cada vez mais espaço e força no meio espírita, beneficiando inúmeras pessoas e, sobretudo, como todo trabalho no bem, beneficiando a ela mesma.

Nazaré, por fim, formou-se em Administração de Empresas e formalizou o sonho da sociedade com a tia. Anastácia, cuidando da produção das balas de coco, aceitava com naturalidade as técnicas administrativas aplicadas pela sobrinha. Nazaré, estimulada pela sócia e pelo sucesso, aplicou inúmeras ferramentas da administração na pequena empresa e, assim, fez aumentar a produtividade e a lucratividade. As sócias alugaram, inclusive, em uma área industrial, instalações adequadas para a indústria de balas de coco. Depois disso, as encomendas estavam cada vez maiores e, assim, contrataram funcionários. O empreendimento, por conta das inovações trazidas pela criatividade de Nazaré, crescia mais e mais, inclusive fazendo parceria com uma cooperativa que visava à geração sustentada de renda para pessoas em situação de vulnerabilidade social.

Cícera e Marcos cumpriram a promessa de receberem e cuidarem do filho com enorme carinho e amor. Deram a ele, como já há muito tempo haviam escolhido, o nome de Paulo. O casal continuava firme no propósito de abraçar a Doutrina Espírita como bússola existencial e educaram Paulo sob as bases do Evangelho de Jesus.

Marina, com ótima saúde, encontrou espaço, no Centro Espírita que se vinculara desde sua chegada a São Paulo, para colocar em prática uma nova pedagogia para a evangelização que levava em consideração a reencarnação como lei natural.

Anos mais tarde, e já sem a presença física de Anastácia e Marina, que retornaram ao plano espiritual, Paulo se consagrava no meio acadêmico, recebendo a indicação para um Prêmio Internacional de Ciência por experimentos que unificavam a medicina e a espiritualidade. Paulo foi tão dedicado ao bem e à ciência que a gravíssima doença neurológica, a que estava carmicamente programado sofrer por seu passado delituoso, foi substituída por outra muito menos grave da qual se curou sem sequelas. O amor que Marcos e Cícera deram a Paulo, junto ao seu próprio esforço, permitiu que ele fizesse essa importante superação. Aquele filho, que fora enjeitado anos atrás e que quase não viera ao mundo por intermédio de Cícera e Marcos, tornara-se um grande cientista.

Foi, então, que Cícera pôde perceber as razões que a chamavam insistentemente para a capital paulista. Afinal, já estava planejado antes dela e Marcos renascerem: ela deveria conhecer Marcos e receberem Paulo como filho, e este, por sua vez, deveria fazer um importante trabalho para a unificação do conhecimento humano sobre a contraparte física e a espiritual do ser.

No outro lado da realidade, os familiares que lá estavam e os protetores espirituais observavam Paulo. Entre eles, Marina comentava com Anastácia em tom bem-humorado:

– Ainda bem que ele nasceu, minha irmã, ainda bem.

Abraçadas, prosseguiram com suas atividades no mais além, felizes com o encaminhamento positivo de toda a saga na qual Cícera, Marcos e Paulo cumpriam a sua programação encarnatória.

CTP • Impressão • Acabamento
Com arquivos fornecidos pelo Editor

EDITORA e GRÁFICA
VIDA & CONSCIÊNCIA

R. Agostinho Gomes, 2312 • Ipiranga • SP
Fone/fax: (11) 3577-3200 / 3577-3201
e-mail:grafica@vidaeconsciencia.com.br
site: www.vidaeconsciencia.com.br